Les magiciens

Alexandre Jardin

Les magiciens

Albin Michel

À ma femme-vie.
Depuis elle, je repense tout autrement.
J'agrandis tout.

Il meurt lentement
celui qui devient esclave de l'habitude,
refaisant tous les jours les mêmes chemins,
celui qui ne change jamais de repère,
ne se risque jamais à changer la couleur
de ses vêtements
ou qui ne parle jamais à un inconnu.
Il meurt lentement
celui qui ne voyage pas,
celui qui ne lit pas,
celui qui n'écoute pas de musique,
celui qui ne sait pas trouver
grâce à ses yeux.
(…)
Il meurt lentement
celui qui évite la passion,
(…)
Il meurt lentement
celui qui ne change pas de cap,
(…)
celui qui ne prend pas de risques
pour réaliser ses rêves,
celui qui, pas une seule fois dans sa vie,
n'a fui les conseils sensés.

Pablo Neruda

Évadons-nous du connu !

Ce petit livre à part me trotte dans la tête depuis mon adolescence. Joyeux, cocasse, il brasse du lourd. Bref, ce ragoût de récits est considérable par son objet. Il dévoile mon chagrin d'être né et les secrets de ma résilience. Ma confiance dans la vie est une conquête. Sans les héros qui hantent ce livre, je l'aurais crue coupante, rancunière et plafonnée.

En racontant mon existence réparée, je livre ici les noms de mes maîtres à penser autrement, tous ces inclassables qui m'ont guéri de ma dépression latente, jamais nommée – jusqu'à ce que l'amour absolu m'en sauve absolument. Ces décalés ont fait de moi un optimiste farouche qui n'a pas réponse à tout mais question à tout. Ils ont changé ma vie et peuvent changer la vôtre.

Épris de haute gambade intellectuelle, ces courageux roulent à contre-sens, à rebours des croyances de leur milieu et de leur époque, comme la tribu de mes intimes. Tous perforent les tabous en vigueur, résistent aux oukases des installés. Tous refusent de penser au pas de l'oie. Poètes de leur destin, ils m'injectent l'énergie de faire de même. Et de surmonter ma tristesse de respirer dans un siècle surnormalisé, tragiquement prudentisé et cruellement désenchanté.

Depuis plus de deux mille ans, ces décapeurs de lieux communs allègent le monde de ses corsets de trouilles. Je les ai peints dans le précipité de scènes parfois burlesques, en révélant comment leur liberté m'a déprisonné. Quand j'avais le blues ou pire, chacun de ces surdoués m'a enseigné qu'en démontant les cadres, on propose à autrui et à soi-même un autre carburant que le kérosène habituel, de la peur.

Mais ces maîtres du pas de côté ne ressemblent en rien à l'idée que l'on se fait d'un « maître » équipé d'une barbe. On trouvera ici des intellectuels désaffiliés, une flopée de découvreurs mésestimés, un méli-mélo de marrants faussement légers, ma grand-mère insondable, mon père sans repères, un déporté volontaire, des politiques capables d'éteindre des barbaries, mais aussi des arbres, des films, des aiguilleurs du ciel décadrés, que sais-je encore. Un tel livre ne peut se cramponner aux maîtres répertoriés, rien ne peut y être attendu.

Sans doute ai-je été emballé par ces grands libres radicaux parce que je suis le fils d'un homme[1] d'une nature mal pondérée et d'une mère inapte aux conduites rectilignes[2] – des parents qui m'ont terrorisé et contraint

1. Pascal Jardin, écrivain hors normes, à qui j'ai consacré un livre fou : *Le Zubial* (Folio).

2. Fanou, héroïne de sa vie, mère ahurissante qui s'ébat dans mon livre *Ma mère fait raison* (Le Livre de Poche).

à penser par moi-même. Dans notre recoin du Paris des années 1970, la normalité était une disgrâce, l'inertie mentale une bassesse et les opinions convenables un déshonneur. Chez les Jardin n'étaient respectables que les excorporés de leur milieu, les dissonants de grand style, les Belzébuth féconds et les Gitans du monde.

J'ai survécu à cette exigence très inquiétante pour un petit garçon sensible. Mon frère Emmanuel, non. Incapable de se frayer une destinée sur mesure, il s'est tiré un coup de fusil dans la bouche à trente et un ans.

Il m'est resté de cette enfance casse-gueule un goût certain pour les déformatés de tous poils qui ont toujours constitué mon biotope : espions multicartes, prostituées de haute tenue morale, handicapés positifs, gauchers bienveillants, réprouvés divers, Noirs désireux d'explorer une autre couleur, moines pris dans les transes de l'amour charnel, braqueurs de banque sans préjugés, SS dangereux mais déconcertants, etc. Tous, à leur façon, m'ont initié à une pensée libre, turbulente, qui m'a réconcilié avec le réel.

Me reprochera-t-on un esprit brouillon, une prolixité d'amateur trop vorace ? Je l'espère ! Vadrouiller hors des clous n'est pas suivre un fil, mais perdre le fil. Spéculer en voltigeur n'est pas raisonner, mais avoir le goût de déraisonner. Et puis, avouons-le, c'est aujourd'hui pour moi une jouissance de me défossiliser au contact des francs-tireurs qui m'ont introduit à d'autres irréguliers. Allergique aux normalisants, j'ai toujours eu besoin de soigner ma dépression souriante en me shootant au culot des *game-changers*, ou déclencheurs du changement, qui depuis Akhenaton démoralisent le confort intellectuel des installés. Je raffole des brûleurs de feux rouges, des rebelles intenables, des dissidents de la morale et des contradictoires assumés.

La plupart de ces gens, vous allez sans doute les découvrir car notre culture et nos médias les occultent. Ce qui en dit long sur la méfiance de nos sociétés face à ceux qui rebattent les cartes. Peu sont au Panthéon. L'école ne nous les fait pas aimer. Elle préfère le très convenable Saint Louis à son contemporain Frédéric de Hohenstaufen, plusieurs fois excommunié, l'empereur chrétien qui a islamisé la manière de penser des Occidentaux.

Confronté très jeune à des sans-règles terriblement séduisants (aucun normal ne cherchait à embarquer ma mère), j'ai vite saisi que je devais à mon tour me désincarcérer des idées fixes et me débarrasser de la camelote des marchands de certitudes. À la mort de mon père, j'avais quinze ans. Laminé, j'ai flairé la nécessité de me délivrer de toute prudence pour rejoindre le rodéo mondialisé de la pensée qui prend la tangente. Né Jardin, je n'avais pas le droit de me dérober à l'obligation d'enfourcher l'improbable.

Du jour où j'ai commencé à fréquenter ces emmerdeurs allègres, italiens, aztèques, nippons ou arabophones, mon humeur a retrouvé des couleurs. La mélancolie où je m'ensevelissais a fait place à une alacrité merveilleuse. J'ai peu à peu contracté un optimisme robuste dont jamais le destin n'a eu raison. Aujourd'hui, je le sais, la vie n'est pas un long couloir où la tristesse rejoint la fatalité. Même blessé, on peut battre à plates coutures les imbéciles calibrés, dégommer les timorés et dribbler les ossifiés. Au diable les cons respectés qui empêchent l'Histoire de se refaire une santé !

J'ai donc passé mon existence à rechercher le commerce des caractères succulents – vivants et morts – dans les livres peu distribués, dans les ouvrages malfamés d'économie ou les corridors négligés de l'historiographie. Comment ? En me goinfrant de biographies psychotropes, en collectionnant les manuels requinquants, en maraudant parmi les thèses bizarres mais assainissantes, en raflant les volumes interdits chapardés sous des lits, les correspondances de cinglés lucides, d'assassins pas stupides, de clowns retraités, les confessions de funambules. Et pour identifier ces explosifs qui sont autant de médicaments dans ma bibliothèque, je me suis tôt appliqué à coller une gommette représentant le sigle mathématique ≠ (différent de) sur la tranche des volumes. Il me fallait une étiquette anti-étiquette.

Ces inconvenables jouissent d'un pouvoir de charme et d'un fluide qui rend plus léger, culotté, farceur. Ils rappellent qu'il est possible de voler le secret de la vie et de lui soutirer ses martingales. Ces affranchis sont plus que jamais nécessaires pour dissiper la chape de morosité de ce début du XXIe siècle qui, saturé de peurs, tarde à se changer en Renaissance. On le voit, la toise de l'audace ne cesse de s'abaisser. Nous sommes moisis par une autocensure mentale qui rapetisse nos actes et sabote nos élans. La bourlingue n'est plus un horizon.

Les aigles qui aperçoivent de grandes perspectives se font rares. Deux années de covideries anxiogènes, glacées par des États officiellement trouillards et hostiles aux esprits libres, n'ont rien arrangé. Qu'on se le répète : le bonheur d'élargir son sort n'est possible que si nous nous évadons du connu – sans craindre de fesser les freineurs, les conformistes altiers et les rentiers de la pensée universitaire.

J'assume avec fierté le côté partial et totalement subjectif de ce livre qui ne saurait connaître de fin. Ma vision de la pensée délivrée est donc un autoportrait. Cet ouvrage vitaminé est sans doute le plus personnel que j'écrirai jamais, mi-chagrin mi-soleil. Un féru d'ARN messager de Vancouver, un misanthrope albanais, un psychiatre dépressif berlinois ou un écrivain tchèque avide de chamailleries philosophiques aurait écrit un tout autre ouvrage sur la pensée décadrée, aussi légitime que le mien. Nos maîtres en transgression nous définissent. Les miens ont sculpté l'Histoire avec trois burins efficaces : le sens du délire, le sens de l'honneur d'être libre et le sens de l'humour.

Mais au-delà de mon goût pour les loopings mentaux, ce livre-médicament se présente comme un répertoire d'interrogations sur soi-même. Hostile aux résignés, cavalant d'un hémisphère l'autre, fouinard à travers les époques, mon texte refuse de cerner son sujet. Il l'agrandit à chaque chapitre selon une déconstruction soignée, une floraison d'idées. Excessive ? Je l'espère ! Mon but est de vous perdre, pas de vous rassurer, de vous faire rire, pas de vous infecter d'idées trop sérieuses. Ces cascadeurs de la pensée nous crient en chœur que la pensée ≠, protéiforme par nature, reste à naître.

Agissons en pirates ! Pourfendons les encagés qui dépriment, les pisse-froid et les cafardeux qui empêchent les rebonds de la science ! Émulsifions nos doctrines, révoquons nos prudences pitoyables. Respirons hors les murs. Au diable les prêtres du déjà-pensé ! Soyons une jeunesse du monde !

I

Mes superhéros

Nos arbres, ces nomades en cavale

Été 2017. Dans une clairière qui troue la forêt de Tronçais, plantée par Colbert au XVIIe siècle pour procurer des mâts à la marine française de l'an 2000, je m'allonge à l'ombre de frondaisons hautes. En grande discussion avec moi-même, entristé par mes amours limitées, je respire près d'une mare damassée de soleil.

Je repense à l'étrangeté de ma vie en zigzag, à ma passion obstinée pour les trous intellectuels et à la bizarrerie de mes intimes. Ai-je fait exprès de fréquenter des putains féministes, un agent russe au service de la Gestapo, des patrons du CAC 40 lessivés de toute prudence ou des syndicalistes visionnaires et polygames ? La vérité est que plus la curiosité est grande, plus on est conduit immanquablement vers des irréguliers.

Ce matin-là, je respire loin du vacarme du monde. Il fait une lumière assourdissante. Je me crois seul parmi des chênes puissants et j'ouvre *La Vie secrète des arbres. Ce qu'ils ressentent, comment ils communiquent* de Peter Wohlleben[1]. J'ignore alors que cette lecture va bouleverser toutes mes certitudes sur les plantes qui m'entourent. Tout ce que je pensais était faux. Celui qui m'a fait découvrir ce livre est aussi étonnant que son contenu. C'est un moine ivre d'érotisme qui me l'a recommandé ; ou plutôt, soyons précis, un ex-moine de mes amis qui s'est échappé d'un couvent serbe pour épouser une Italienne de braise, prodigieusement coquine. Un mystique curieux de tout, y compris des charmes de l'autre sexe. Un homme que je tiens en très haute estime.

Les pages sont un peu gondolées, comme la pensée si particulière qui circule dans cette exquise traduction française. Étendu, je navigue dans les propos de Wohlleben avec, soudain, l'étrange sensation de ne plus être seul à Tronçais. Je ressens l'amitié des arbres qui m'environnent. Pour la première fois, je les envisage comme des héros véloces, des migrants opiniâtres et de sacrés cavaleurs.

Mon éducation et mon cerveau me les avaient désignés comme des objets immobiles, pas comme des interlocuteurs réactifs, encore moins comme des caractères portés à l'action et au voyage au long cours. Par la grâce de cet ouvrage qui déchire mille idées reçues, je me défroque de mes anciennes certitudes. Ému par leur présence plus douce que celle d'une femme qui aime au conditionnel, je sais désormais que j'ai affaire à des familles végétales qui se défendent comme elles

1. Les Arènes.

le peuvent, bavardent sans répit, élèvent leurs bébés, se soignent les unes les autres en se refilant du glucose par les racines par exemple, et qui se déplacent sur le globe dans un autre espace-temps que le nôtre. D'authentiques agités, comme mon moine. J'apprends ainsi l'incroyable migration de certaines espèces (les hêtres notamment) qui, au fil des siècles, se sont échappées d'une région du globe pour se réfugier dans une autre, faisant preuve d'une forte capacité d'adaptation aux changements planétaires. Je découvre comment nos amis feuillus ou à épines émettent des odeurs et des fragrances afin de repousser les casse-pieds ou pour s'attirer les grâces d'amis sûrs…

Cent pages plus loin, je suis à jamais changé. Comblé par ces amis de bois, je bénis mon moine amoureux. Heureux, je regarde autrement le rideau d'arbres pâles au loin et les chênes plus proches – que je n'ose plus dire français puisque je les sais désormais de passage sur le vieux continent – qui me cernent. La pensée de Wohlleben a ouvert dans ma cervelle un nouveau sillon, une sensibilité qui porte à la joie d'appartenir au vivant. Elle a surgi dans ma vie et a modifié tout mon système perceptif, mon affectivité et surtout mes perspectives moisies. Alors que mille homélies d'écologistes dépressifs, gainés de pulls qui grattent, m'avaient laissé de marbre en m'assenant des raisonnements noirâtres et crispés. Ce livre a chamboulé ma pensée, jadis très sotte, face à un cyprès et butée devant un bouleau cendré que j'imaginais borné.

La pensée prévisible touche peu le cœur alors que

la pensée en liberté s'adresse à l'imagination, ainsi qu'à l'âme. Récemment, j'ai continué à fouiller le sujet avec bonheur et j'ai appris que le réchauffement climatique avait déjà engagé la lente transhumance des forêts du globe vers des températures plus fraîches pour survivre. Leur intelligence collective est en marche. À leur rythme, plus serein que le nôtre. Ces acteurs obstinés sont diablement efficaces.

Aux États-Unis, 34 % des espèces se déplacent vers le nord à la vitesse de onze kilomètres par décennie, ce qui est extrêmement rapide à l'échelle paisible du vivant. Nos amis se font la malle vers des contrées moins sèches. Ce sont des héros du volontarisme, de la résilience voyageuse, des experts de l'adaptation. Des gens culottés et d'une infinie modestie.

Une étude de 2018 de la revue *Nature* portant sur trois cents sommets européens montre qu'ils s'enrichissent de nouvelles espèces à une vitesse de plus en plus accélérée. Les arbres sont déjà partis avec détermination à la conquête des sommets montagneux, en quête de plus de précipitations, de sols plus riches et de températures plus amicales. Mais le plus troublant est que ces migrations massives chassent d'autres espèces qui, désemparées, ne savent plus où se tirer. D'où une impasse qui se dessine et me devient plus claire… par la grâce d'une pensée ≠ imprimée sur du papier, à l'ancienne.

Nos arbres

Ma vie vivifiée

Ce matin encore, cet ouvrage germanique m'a fait faire un acte heureux que j'aurais, il y a un an encore, jugé du plus haut ridicule : je me suis levé devant le brasillement de la surface d'une rivière de mon Sud et j'ai… embrassé un arbre, un chêne-liège charmant. Avec un sentiment d'amitié, d'estime et une chaleur dont je ne me croyais pas capable. J'avais envie d'intimité poétique avec cet être remarquable, délicieusement terrestre.

J'ai dégainé une prière pour frère Goran, mon moine marié.

Pacifié, je ne suis plus prêt à saisir une serpe pour agresser un de ses congénères en barbare. Je me sens désormais d'humeur à ôter mes chaussures pour fouler pieds nus l'humus-roi qui participe à la bonne santé de nos forêts amies.

Rassurez-vous, la pensée ≠ rend barge et heureux. Assez pour continuer d'être plus vivant aujourd'hui qu'hier, et happé par de nouveaux copinages végétaux.

Yasuke :
évadons-nous de notre identité

Yasuke est perturbant. Il entre dans ma vie un soir de novembre par une amie noire, excellente monteuse de cinéma au profil de baroudeuse. Je traverse alors un moment de fragilité. Ma liaison râpeuse avec une femme d'un tout autre milieu me désespère – comme si nos origines nous assignaient.

Johanna a toujours raffolé des hommes qui l'extirpent des déterminismes qu'elle imagine liés à sa teinte de peau. Deux Esquimaux farouches, dont un chasseur de loups blancs, ont capté ses ardeurs. Un Tibétain lubrique lui a fait quitter le cercle polaire pour le monastère du dalaï-lama, à Dharamsala. J'ai également le souvenir d'un ex-gay lapon revenu sur les rives de l'hétérosexualité qui l'avait embarquée dans la communauté de sœur Emmanuelle en Inde. Agitée par son âme, Johanna a toujours forniqué hors de sa couleur.

C'est elle qui, un matin en salle de montage, me fait cette réflexion :

– Les Américains ont-ils élu un Noir à la Maison Blanche ou un grand caractère ?

– Heu…

– Connais-tu Yasuke ?

– Qui ?

– Je t'envoie demain une brochure sur lui. Tu vas voir, cet Africain d'Asie a changé ma vie. Il m'a fait comprendre que nous n'appartenons pas à nos origines.

Je reçois son mince document, le lis promptement, n'en crois pas mes yeux, le redévore avec sidération et m'en imprègne. Mon amie a raison : la couleur d'un être humain ne dépend pas dc la pigmentation de sa peau mais de l'opinion qu'il en a.

L'histoire de cet homme à l'identité mobile est engloutie par le temps. Même son nom de naissance a été perdu. De ce cas hors série, on ne connaît plus que le surnom japonais qui lui a été donné pour actualiser son identité : Yasuke. Au XVIe siècle, cet Africain est devenu le premier samouraï non nippon de l'histoire du Japon. Dans un pays alors particulièrement séparé des autres peuples.

Yasuke voit le jour sur l'île luxuriante de Mozambique, au large du territoire du même nom, dans les années 1530-1540. Comme la plupart des Makua, il pêche, danse furieusement, élève de volubiles perroquets et chasse avec adresse. C'est en traquant un lion agaçant qu'il est capturé par des trafiquants d'esclaves. Le jeune homme est alors ficelé et arraché à son île. La traversée jusqu'à Goa, en Inde, port portugais à l'époque, va durer un mois venteux. Ce costaud désemparé y sera cédé à bon prix. À ce moment-là, comment aurait-il pu se percevoir autrement que comme noir ?

Début septembre 1574, toujours à Goa, le destin l'agrippe à nouveau après le débarquement d'une escouade d'ecclésiastiques qui sillonnent le globe. Parmi eux, le très singulier Alessandro Valignano, un prêtre à part chargé d'inspecter les missions jésuites de sa juridiction. Après quelques mois tropicaux, ce dernier décide de poursuivre son prédicat au Japon. En quête d'un malabar pour le servir et surtout assurer sa protection, il arrête son choix sur Yasuke.

Fin septembre 1577, le duo embarque pour un voyage qui durera près de deux longues années. Après des escales à Malacca, l'actuelle Malaisie, et Macao, ils rejoignent le Japon clos en juillet 1579. Au pays du Soleil levant, la vue de cet homme à la peau très sombre provoque l'hystérie. L'idée d'exhiber un esclave africain attractif pour gagner de l'argent est alors courante chez les jésuites.

En mars 1581, Yasuke et Alessandro Valignano filent à canasson vers Kyoto, où règne Oda Nobunaga, un seigneur de guerre. Lorsqu'il rencontre le jeune colosse africain, le *daimyo* (gouverneur de province) est subjugué par sa puissance, sa verdeur, son altitude (plus d'un mètre quatre-vingt-dix) et son esprit de finesse qui lui a notamment permis d'apprendre rapidement le japonais. Saisi d'empathie pour Yasuke, le très puissant Nobunaga demande à Valignano, qui doit quitter le Japon, de lui laisser son serviteur. Fin diplomate, le jésuite y consent.

Le jeune esclave est alors libéré et progressivement élevé au rang de samouraï. Pas moins. En devenant l'un des gardes du corps de son seigneur de guerre, Yasuke s'insère dans son tout premier cercle. En plus des deux sabres qu'il est en droit de porter, le samouraï se voit confier sa propre lance. Le voilà qui devient le premier étranger à porter les attributs des chevaliers nippons ! Personne avant lui n'a eu cet honneur. Il se voit également offrir une maison ravissante et, pour faire bonne mesure, la fille adoptive du seigneur de guerre comme épouse.

À ce moment-là, Yasuke cesse d'être noir pour devenir l'incarnation du Japon combattant, des seigneurs de la guerre régnants. L'Asie s'augmente de son être.

Mon amie Johanna a raison : chaque homme ou femme conserve la possibilité de se choisir, de se reconcevoir en saisissant des opportunités.

Celle qui m'irrite appartient-elle à sa communauté ? Barack Obama est-il un leader noir ? Lord Philby est-il un sujet anglican et blanc de Sa Majesté le roi d'Angleterre ou le premier conseiller pour les affaires étrangères d'Ibn Saoud, fondateur mythique de l'Arabie saoudite – après l'avoir longtemps combattu… puis avoir embrassé la religion musulmane en devenant Sheikh Abdullah ?

Tout homme, toute femme a la liberté de se choisir en répondant aux invitations de la vie. En amour comme en tout, écoutons Yasuke.

Et que Johanna se dégote vite un bel Indien, qu'il lui fasse inhaler les rives sacrées du Gange…

Ma vie vivifiée

Né au pays de Molière, je me suis longtemps cru irrévocablement français. Je me pensais possédé par ma langue aimée, hanté par mes réflexes de citoyen d'une séculaire république monarchique et laïque. Amoureux dingue d'une anglophone d'adoption depuis deux ans, je change de langue et deviens peu à peu, mais fiévreusement, canadien d'Ontario – avant même de m'y être établi. Je dis non à mes déterminismes culturels et familiaux, me saborde gaiement et m'oublie déjà.

À un moment, ma plume s'ébrouera en anglais, ma nouvelle langue d'amour. Serai-je le même auteur, prisonnier de ma glaise première ? Le « i » d'Alexander Garden sera-t-il le « je » d'Alexandre Jardin ?

Notre moi est pluriel.

Le vrai voyage est hors de soi-même.

Philippe Petit, mon professeur de risque préféré

Au panthéon des fêlés d'exception, délivrés de toute pensée rassurante, trône un funambule de légende si joyeux qu'il m'inspire chaque jour : le très facétieux Philippe Petit. Ce trompe-la-mort effervescent est entré dans ma vie il y a fort longtemps grâce à une amie anglaise qui ne se dérobait devant rien, alors que moi-même j'hésitais alors à divorcer.

Fille de lord, Kate avait liquidé sa mère en l'étouffant sous un oreiller. Je ne crois pas que les siens soient au courant de cet épisode qu'elle jugea absolument nécessaire sur le plan humanitaire. Sa vieille maman écossaise s'effilochait en d'indicibles paliers de déchéance, au sommet d'une tour de leur manoir de Cornouailles. Se défausser n'est jamais entré dans les capacités de Kate. Son oreiller a suffi. La légalité, vous l'aurez compris, indisposait son éthique rigide. Aujourd'hui morte d'un méchant cancer des os[1], l'inclassable Kate revendiquait

1. Peut-être est-ce pour cela qu'elle étouffa sa mère. Elle se savait elle-même proche du cimetière…

la nécessité de « passer à l'acte » en tout sujet qui lui paraissait essentiel. Ce vitalisme actif lui venait de son maître spirituel, beaucoup plus calme et jovial qu'elle : Philippe Petit.

Un soir où nous échangions sur nos angoisses légitimes ou imaginaires, et sur ma peur de divorcer pour la seconde fois, elle me montra un film prodige : *Man on Wire*. Oscarisé, il révèle les moindres nuances de ce philosophe du risque. À lui tout seul, cet hédoniste souple conteste la totalité de notre société de précaution que j'abhorre. Philippe Petit suinte la liberté. C'est dire combien il est utile à notre époque frileuse. Bien dans sa gaine de peau, il a investi la totalité de sa soif d'absolu dans le funambulisme physique et moral. Aucun verrou ne bloque sa caboche.

Au petit matin du 7 août 1974, ce Français hilare d'à peine vingt-cinq ans s'élance sur un câble d'acier à plus de quatre cents mètres d'altitude entre les tours jumelles du World Trade Center. Mais cet acrobate de l'improbable ne se contente pas d'exécuter une traversée démente. Poète du ciel jetant son poing à la face des vents, Philippe Petit réalise plus de quatre allers-retours au cours desquels il danse sa joie en narguant les policiers américains impuissants à le récupérer. Puis il s'allonge dans le vide et se met à genoux pour saluer les curieux.

Faire la nique à la légalité froussarde l'enchante, décuple son audace et la verdeur de ses appétits vitaux.

Petit est toute la licence que j'aime. Kate m'a refilé son admiration.

Dans le ciel venteux de New York, il n'est pas tombé.

Devant mon écran de télévision, j'ai l'impression d'être à ses côtés. Cet homme de feu, d'éclats de rire et de vie pure refuse une existence dépouillée de tout courage. Et devient immédiatement l'un de mes maîtres à tout repenser, et bientôt celui de mon fils aîné, Hugo, qui lui voue désormais un culte splendide, éperdu.

Philippe Petit déploie un génie très particulier qui confine à la grâce : il éloigne le funambulisme de toute idée de mort par la beauté de ce qu'il accomplit sans but intéressé. Fier de sa peur domptée, apprivoisée et sublimée, ce d'Artagnan du fil en fait un art non de mort mais de vie vécue jusqu'à l'extrême pointe. Sur son filin qui fend les nuages américains, il se saisit de l'existence et la célèbre dans toute l'exaltation de l'immédiat, dans sa joie démentielle, en n'écoutant que son cœur chantant.

Cet horloger planifie ses « coups » poétiques – notamment lorsqu'il voltige illégalement entre les deux tours de Notre-Dame – avec la méticulosité d'un braqueur de banque. Il ne s'expose pas à la peine capitale à la légère. Pendant des années, il repère, imagine comment contrecarrer la sécurité du lieu. Philippe Petit conçoit lui-même avec maniaquerie chaque installation illégale, dessine le plan du site, réalise des maquettes, calcule les points d'ancrage de son filin et réunit clandestinement le matériel nécessaire en ingénieur du délire poétisé.

À New York en 1973, au cours des mois précédents, il s'est fait successivement passer pour un touriste affairé, un journaliste spécialiste d'architecture et un ouvrier de chantier afin d'observer de près le gratte-ciel, sa substance même, ses points d'accrochage. Avec ses complices fanatiques – j'allais écrire : les apôtres de sa liberté contagieuse –, il a ensuite copié la tenue des ouvriers locaux et s'est procuré de faux laissez-passer pour se faufiler jusqu'au *rooftop* (toit-terrasse), en ange échappé d'un songe dans un siècle matérialiste.

La pureté de son art est totale. Pas de tapage médias. Après son exploit, l'énigmatique Petit sera de retour dans Washington Square Park. Poète de rue, il jonglera pour quelques cents jetés dans un chapeau de feutre, en artiste médiéval des parvis.

Son très époustouflant traité sur la technique du funambulisme[1] – offert par Kate quelque temps après qu'elle eut étouffé sa mère avec la plus dérangeante compassion[2] – est aussi un ouvrage de philosophie requinquante. Philippe Petit ne fait jamais deux fois la même traversée. Il ne bégaye pas ses coups d'audace.

Pas après pas, il recherche au-dessus des gouffres (quatre cents mètres de vide sous lui à New York !) l'« état d'équilibre instable », comme il l'écrit, le summum de l'extase. Dans cet état, au péril assumé de sa vie, il œuvre à la perfection de sa marche, et donne à la beauté du pas humain ses lettres de noblesse. Mieux, il ne trouve sa gambade « agréable » que dans ce risque dingo. « La saveur d'une seconde d'immobilité – si le

1. *Traité du funambulisme* (Actes Sud).
2. Ce qui me traumatisa, on s'en doute bien.

fil vous l'accorde – est un bonheur intime », écrit-il en mâchant le grand air, en gobant l'instant et en se goinfrant de bien-être. Un art du bonheur.

Nombre de fildeféristes ont rivalisé d'habileté. Le très fameux Charles Blondin faisait des omelettes sur son fil d'acier, photographiait la foule au-dessus des rapides meurtriers du Niagara. Le grand Rudy Omankowsky tirait des feux d'artifices depuis le vide. Harold Davis dit Alzana sautait à la corde. Le grabuge de cirque, c'était leur rayon.

Petit, lui, pense autrement, respire autrement, jouit autrement. Comme l'improbable Kate.

Petit fait connaissance avec l'extrême possibilité de la liberté, tutoie l'art gratuit, palpe l'infini en glissant illégalement sur son fil. L'animal convoque sa joie délivrée, s'enveloppe d'allégresse, réduit ses larmes, congédie l'angoisse, et surtout dissout sa terreur en l'aprivoisant. Un professeur de délivrance qui initie chacun, gratuitement, à la largeur maximale de la vie.

Dans sa pensée ≠, Petit vit *frontalement* alors que l'époque vise à faire de nous des effrayés devant le premier virus venu. Il est la liberté de l'oiseau, cette forme d'exultation aérienne qui se moque du discours de la Raison.

Qui peut dire que c'est un fêlé ? Que cet artiste en mode majeur n'est pas délicieusement bénéfique à un siècle recroquevillé dans la culture de la trouille grégaire, obligatoire, minabilisante[1] ?

---

1. Regardez *Man on Wire*, le film inspiré qui lui a été consacré.

Inspiré par sa joie, j'ai fini par divorcer. Et je ne suis pas tombé dans le vide.

Vive le Philippe Petit qui vit en nous[1] !

Ma vie vivifiée

L'unique vrai « funambule » qui a traversé ma vie fut mon père, une foutue bête poétique. Scénariste virtuose et d'une célérité sans égale (plus de cent films au compteur en vingt ans d'exercice), romancier à fleur de cœur, Pascal Jardin flottait au-dessus du réel. Il consentait avec fringale au « risque de vivre ». Quand papa craignait que notre quotidien soit trop éteint, sans formidable enjeu dramatique, ce poète-né signait des chèques en blanc qu'il planquait dans les bottins des cabines téléphoniques. Puis il revenait dans sa voiture et me déclarait : « Mon chéri, si quelqu'un trouve ce chèque en blanc et l'encaisse, nous sommes ruinés ! » Le quotidien des Jardin et affiliés en était électrisé. Mon adrénaline jardinisée coulait à flots dans mes jeunes veines.

Je l'ai imité il y a trois ans en fixant un chèque en blanc, signé avec un plaisir que je ne dissimulerai pas, avec du scotch sous un banc du métro parisien (station Charles-de-Gaulle-Étoile). Après un instant de totale panique, j'ai redécouvert le bonheur unique et funam-

---

1. Nous ne sommes pas obligés de tirer de son expérience les mêmes conclusions que Kate !

bulesque d'être soudain pris dans le risque maximal. Ce fut un prodigieux moment de fidélité à mon père, mort trente-cinq ans plus tôt, qui se poursuit toujours. Mon chèque doit toujours être là-bas, frôlé par la foule du métro, menaçant ma vie.

Tout risquer est aussi une manière de vivre le tout de son être, et non un fragment. Tout risquer unifie. Quel privilège ! Station Charles-de-Gaulle-Étoile, n'oubliez pas…

Witold Pilecki :
l'art de rester soi envers et contre tout

La détermination de Witold Pilecki ne cesse de contester mes conforts, mes lâchetés et mes dérobades. Ce plus-que-généreux incarne la toute-puissance de la pensée ≠ en action, trempée par l'épreuve. Officier polonais, il est l'anti-sens commun par excellence, l'héroïsme poussé à son maximum. Son épopée célébrée dans la Pologne d'aujourd'hui est la manifestation d'une manière d'être si forte que ce garçon questionne nos existences calibrées et notre propre marge de liberté. Et surtout le rapport que nous entretenons avec la peur.

Pilecki est sans doute le seul déporté à Auschwitz qui s'y soit fait interner de son plein gré. Même si les détails de la réalité concentrationnaire lui échappaient, il avait conscience des risques pris.

Ce jeune homme entre dans ma vie l'année de mes vingt-cinq ans, alors que j'accompagne chez mon dentiste Jana, une amie polonaise qui a tous les courages que je n'ai pas. Jana est éthologue. Son pays macère encore dans le marxisme punitif. Ses caries de jeunesse ont été colmatées à Katowice avec des plombages sans être soignées. La bactérie gourmande a dévoré tout l'émail. Autre système barjo étatisé, autre standard de santé. Sa denture nécessite un sérieux ressemelage à l'occidentale. De mon côté, je sais que ma vie est au point mort. Mon premier mariage est une routine si éloignée de mes exigences.

Dans la salle d'attente, nous bavardons en français de sa passion qui lui a fait quitter les ébriétés mondaines du communisme varsovien. Volontaire, Jana est avec rage devenue une éminente spécialiste mondiale des grands primates d'Afrique. Son œil vert immobile doit hypnotiser les singes. Au détour d'un propos, je comprends soudain qu'elle n'acceptera jamais de mon dentiste le confort d'une anesthésie locale.

– Tu… tu plaisantes ?

– Non.

– On va te soigner les dents sans anesthésie ?

Jana m'explique que se dérober à la douleur et surtout à sa peur ne fait pas partie de l'idée qu'elle se fait d'elle-même. C'est en y faisant face qu'elle a trouvé en elle la force morale permettant d'entrer en relation intime avec les grands singes d'Afrique. Nos cousins velus savaient que cette blonde granitique ne les craignait pas.

– L'idée de soi est tout, m'explique-t-elle, permet tout. Quiconque se perçoit *autrement* demeure libre.

– Il y a des limites, tout de même !

– Non, c'est valable même dans un camp d'extermination.

– Qu'en sais-tu ?

– Je le sais de Witold Pilecki.

– Qui ?

L'attente se prolongeant, Jana me raconte l'épopée de son initiateur, le destin sans égal de l'âme à part qui l'a initiée au grand courage.

Le 19 septembre 1940, Pilecki se fait volontairement rafler à Varsovie lors d'une descente opérée par l'armée allemande. Sa mission d'agent secret de l'armée polonaise clandestine ? Se faire déporter dans le vaste camp d'Auschwitz pour savoir précisément ce qui s'y passe (notamment les chiffres exacts du massacre) et afin d'y constituer un réseau de résistance aussi puissant que possible pour reprendre le contrôle du camp depuis l'intérieur.

Des résistants têtes brûlées, il y en a eu un certain nombre dans l'Europe martyrisée d'Hitler, mais des agents infiltrés à Auschwitz, aucun autre que lui. Le projet est psychologiquement et physiquement trop insoutenable. Pilecki y survit neuf cent quarante-sept jours. Cela suppose une capacité ahurissante de conserver son architecture mentale dans un univers précisément conçu pour abolir le caractère.

Fin 1940, aucun *Homo sapiens* en territoire occupé par le nazisme ne songe à se transformer en gibier de camp de concentration. Lui va donc penser autrement son aventure, bien qu'il soit père de deux enfants. Pilecki accepte d'avance l'offense indélébile que l'âme subit à Auschwitz. Il est né autre, doté d'extraordinaires aptitudes pour vivre la clandestinité. Tout le monde décrit comme tel ce très bel homme invisible.

Devenu le matricule 4859, esclave du Reich, Witold

se met aussitôt en action. Son futur n'a guère d'avenir dans ces parages maudits, mais il ne le voit pas ainsi. Son assise mentale est telle que Pilecki ne dévie pas. Courant les risques les plus immédiats en terrain criblé de mouchards prêts à tout pour une bouchée de pain, il recrute des pelletées d'agents. Son réseau structuré en cellules étanches de cinq personnes – de sorte que, si l'un est arrêté, le réseau ne tombe pas – regroupe vite près de mille détenus qui redressent l'échine. Pilecki a l'avantage de comprendre le yiddish et le polonais, les langues véhiculaires entre détenus. Leurs actions sont spectaculaires : radio clandestine, protection de certains déportés, élevage de poux porteurs du typhus pour liquider sans bruit des SS ciblés, etc. Fin 1942, Pilecki affirme que ses hommes peuvent prendre le contrôle d'Auschwitz pendant assez longtemps pour désorienter la tête du système concentrationnaire. Il appelle les Alliés à une attaque extérieure coordonnée.

Jana insiste :

– Pilecki démontre qu'un homme immergé dans le pire du pire du pire reste *autre* s'il pense *autrement*, si son cerveau conçoit sous un autre jour les rigueurs de sa condition.

Nous ne sommes donc que nos pensées. Pas les circonstances qui nous assaillent, fussent-elles du vitriol. Son voisin de baraquement désespère-t-il en se regardant comme la victime objective des SS qui tentent de lui arracher toute humanité ? Lui, fait d'un curieux métal, garde les pensées et les objectifs d'un soldat en mission, ce qui change sa réalité.

Pilecki trouvera le moyen de faire sortir son rapport précis sur l'activité d'Auschwitz en le faisant apprendre par cœur à un détenu qui réussit son évasion avec deux camarades. Chiffres collationnés à l'appui au risque constant de sa vie, décrivant en détail l'irreprésentable, il informe directement les Alliés avec pointillisme de la réalité du camp. Pilecki s'efforce de comprendre l'incompréhensible, de transmettre l'intransmissible, de peindre ce qui reste hors de toute visibilité.

Prêt à déclencher une mutinerie interne, il attendra en vain une intervention extérieure des Alliés. Dans le camp, les SS cherchent âprement à détruire le réseau Pilecki dont ils devinent chaque jour l'influence diffuse. Tel déporté aurait dû périr mais cesse de maigrir, ils le voient bien ; tel autre est soudain déplacé, etc. Pilecki crée une tribunal de hauts scrupules pour juger les traîtres et les neutraliser.

Miracle : via la résistance polonaise, son rapport touffu de chiffres parvient enfin à Londres, mais en octobre 1941 les planificateurs anglais refusent de bombarder Auschwitz. Et a fortiori de lancer toute action téméraire de sauvetage. Donner de la trompe n'aura servi à rien.

Après neuf cent quarante-sept jours dans la fournaise de l'inhumanité, conservant ses pensées d'homme furieusement libre, Pilecki s'échappe d'Auschwitz en 1943. Son réseau interne, articulé à son réseau extérieur, lui permet la réussite de cette évasion miracle. Il rend un père à ses deux enfants.

– Son aller-retour à Auschwitz tient au prodige de

sa pensée, conclut Jana. Pilecki est inconnaissable selon les critères psychologiques usuels. Tous ses actes – du premier jusqu'au dernier – sont ceux d'un combattant anormalement irréductible, capitaine de son destin.

Après la guerre, la compilation des rapports que cet infiltré a fait passer à Londres ne fera guère de bruit. Ce prince du haut courage dérange les Alliés, qui en 1945 préfèrent rester discrets sur ce qu'ils savaient d'Auschwitz. Tout comme les Soviétiques, soucieux d'effacer des mémoires le nom de cette figure inspirante de la résistance polonaise à leur domination coloniale. Witold Pilecki participe à la révolte de Varsovie, mais finit en 1948 fusillé par les communistes. Le Parti ne tolère pas, bien évidemment, ce type d'individu radicalement autonome.

Reste l'énorme question Pilecki : sa vie d'enfermé libre, d'une intrépidité à couper le souffle, a-t-elle été inutile ? Son odyssée volontaire au cœur du Mal n'a eu aucun effet apparent puisque les Alliés n'ont tenu aucun compte de son rapport. Faut-il admettre que sa pensée différente maintenue à toute force a été déployée deux ans et demi en vain ?

Je ne le crois pas. Et je partage toujours l'avis de mon amie hors du commun : l'extrême résistance – et dans le cas de Witold, on est au-delà de l'esprit classique de résistance – adossée à un effort psychique d'exception ouvre à jamais une porte mentale pour tous les autres hommes. Une porte que chacun peut franchir comme l'a fait Jana au cours de ses immersions – dangereusissimes – dans la société des grands primates.

Et puis, que dire de l'importance capitale pour les mille agents de Pilecki de penser autrement leur propre internement ? De réintégrer leur humanité en se plaçant, grâce à ce chef hors normes – on savait qu'il était là par choix, pour défier le nazisme au cœur de son système – dans une tout autre perspective ? Et que dire de l'estime de lui-même que ce jeune Polonais a gagnée en ne pliant pas face au laminoir qui assassinait son pays et ses élites ?

Penser différemment est la clé de voûte d'une vie frontale. Celui qui reste maître de son identité peut entrer et sortir d'Auschwitz à son gré, voilà ce que dit le cas Pilecki. Avec lui, cette phrase folle devient réalité objective. A-t-il eu de la chance ? Bien sûr, mais sa pensée la fabrique à jet continu. La chance aléatoire ne peut avoir lieu à chaque minute pendant neuf cent quarante-sept jours.

Pilecki est de ceux qui m'ont aidé à décamper de mon premier mariage, riche de trois enfants. Issu du désordre amoureux, ça me semblait insurmontable. J'avais tant rêvé de stabilité éternelle. M'en aller en essuyant trois années de fracas a été mon petit héroïsme personnel d'enfant d'un siècle bourgeois.

Pas de semaine sans que mon cœur ne dise une prière pour cet explorateur de la psyché qui a habité le mot « courage » dans son plus extrême sens. Certains êtres semblent n'être venus sur terre que pour faire découvrir les ressources déplafonnées de notre espèce, à mobiliser dans tous les contextes qui sont les nôtres.

Jana est enfin entrée dans le cabinet dentaire, où la

séance de ressemelage a duré plus d'une heure. Sans qu'un cri retentisse. Il a fallu plus de six mois de traitements – sans anesthésie – pour remettre sa bouche en état. Les nerfs à vif, Jana a tout supporté. Dans une maîtrise absolue de la souffrance. Mon dentiste de l'époque n'en revient toujours pas. L'idée de soi est tout.

Il y a deux ans, Jana a appris qu'un sale cancer voulait la dominer. Elle a récupéré l'arme de chasse d'un garde de parc naturel rwandais, se l'est logée dans la bouche et a exécuté son cancer. Pilecki n'était pas loin.

Ma vie vivifiée

À mon très minuscule niveau, en temps de grande paix et de fausses difficultés au regard de celles qu'affrontèrent les résistants d'alors, il m'est arrivé de faire face à un risque physique lié à mes valeurs. Peut-être l'une des rares fois où j'ai eu la trouille pour ma carcasse.

Un jour que je faisais une conférence sur Vichy et la Shoah dans une cité explicitement antisémite, à un degré atroce, dans le nord de Marseille, j'ai parlé frontalement de la honte qui me mine de porter le nom de mon grand-père : Jean Jardin fut le plus proche collaborateur du plus collabo des hommes d'État français[1]*, aux manettes de son cabinet le jour de la rafle du Vél d'Hiv. Eh bien ce jour-là, dans une banlieue française,*

1. Jean Jardin a été le directeur de cabinet de Pierre Laval de mars 1942 à octobre 1943.

j'ai eu la frousse, assez pour formuler sans détour mon rejet total de l'antijudaïsme sadique. Je me trouvais face à de vrais antisémites rustiques qui tenaient mon aïeul pour un inespéré qu'Allah avait expressément chargé d'agir « contre les Juifs ». Pour ces intoxiqués du Dieu de Mahomet, j'étais abject, un « chien vendu aux Juifs », et surtout indigne de ma filiation, ce qu'ils jugeaient infâme et passible de rétorsions. J'en ai tiré une brève fierté. La digue de mon attitude ferme face aux menaces, sans échappatoire, m'a étrangement permis de me sauver d'un sale quart d'heure.

Frédéric de Hohenstaufen et Mutsuhito, mes réformateurs favoris de la psyché

À l'orée de mon adolescence, mon beau beau-père Pierre Caro sait que je souffre réellement de la vie politique contemporaine. Plus que du dépit, c'est du chagrin. Si le globe est ma passion, j'aime tant la France ! Pierre sait que j'aspire à la démesure séculière, et Charles de Gaulle est mort. Il me fait alors découvrir le divin Hohenstaufen en m'offrant une édition usée de la biographie que Jacques Benoist-Méchin lui a consacrée[1].

Pierre n'était pas un homme ordinaire.

Normal qu'il m'ait initié très tôt à la grandeur authentique, et qu'il m'ait donné à rêver vastement au moment où j'asphyxiais. Pierre a mis trente-huit ans à épouser ma mère, en essuyant plus d'humiliations qu'aucun homme n'en a jamais encaissé, souvent éconduit ou marginalisé, toujours repris. Jusqu'à ce qu'il coiffe au poteau ses nombreux rivaux, dont mon père – ce qui n'était pas rien, ma mère n'étant pas précisément monogame. C'est lui, cet extrémiste de la passion patiente, inaltérable,

---

1. *Frédéric de Hohenstaufen ou Le Rêve excommunié* (Perrin).

qui m'a appris qu'un homme qui aime vraiment une femme la conquiert toujours.

Sans doute n'y a-t-il que les grands pour admirer les grands à leur juste hauteur.

Peu de citoyens sont aujourd'hui conscients de l'importance de ce souverain d'Occident qui – après Alexandre le Grand[1] peut-être –, reste *le* politique qui a transformé le plus profondément le mode de pensée de notre espèce : l'invraisemblable Frédéric de Hohenstaufen, héritier de la dynastie qui a succédé à Charlemagne sur le trône du Saint-Empire romain germanique.

Contemporain de notre brave Saint Louis, roi sans grand intérêt sous son chêne, Hohenstaufen a régné au XIIIe siècle (1198-1250) d'Aix-la-Chapelle jusqu'à Jérusalem. Ce totem de notre civilisation demeure le seul monarque auquel je voue un culte constant. Ce cerveau phénoménalement libre et délivrant m'a montré que la plus haute des œuvres politiques est de réformer non les institutions ou l'économie, mais la psyché humaine elle-même. Le reste n'est que bricolage provisoire. Lorsque Nietzsche évoque le « surhomme », c'est à cet Hohenstaufen-là qu'il pense. Ce qui n'est pas une mauvaise recommandation. Pierre Caro n'aimait que les vastes.

Arabophone élevé sans le sou sur les quais de Sicile alors sous domination musulmane, Frédéric reconquiert

1. Au IVe siècle avant J.-C., Alexandre a hellénisé sciemment le monde, opérant une rupture mentale sans précédent dans l'histoire de notre espèce.

le trône d'Occident perdu par sa famille à l'âge de seize ans lors d'une épopée à la limite du conte. Certaines âmes sont parfumées d'improbable, d'audace et de joie.

De sang germanique, Hohenstaufen sait que la civilisation arabo-musulmane est alors dans son âge d'or, une effervescence culturelle et scientifique qui révolutionne tout. Il a eu vent que l'Andalousie des Lumières a vu naître une flopée de savants majeurs. En Sicile, ce jeune géant blond, héritier d'une dynastie déchue, a appris que les pays imprégnés d'islam ont étudié et assimilé puis augmenté d'apports nouveaux les disciplines développées dans les civilisations anciennes (grecque, mésopotamienne et indienne) en ayant recours à la pensée neuve par excellence, celle qui défie tout : la science expérimentale. Très informé, Frédéric sait que les Arabes ne se sont pas contentés de transmettre en cachottiers la pensée hellénique : ils en ont été les augmentateurs de génie.

À commencer par al-Battani (vers 858-929), astronome et mathématicien né en Turquie. Son œuvre majeure, le *Kitāb az-Zīj al-Sabi* (Livre des tables sabéennes), a influencé l'astronomie européenne. Al-Battani a corrigé certains calculs de Ptolémée, et produit de nouvelles tables pour le Soleil et pour la Lune, qui font alors autorité. C'est lui qui, l'air de rien, a découvert le mouvement de l'apogée du Soleil et trouvé les valeurs de la précession des équinoxes ainsi que l'inclinaison de l'axe terrestre. Pas mal…

Frédéric est au courant de l'existence d'Ibn Sina ou Avicenne (980-1037), philosophe, écrivain, médecin et scientifique médiéval que ses disciples surnommaient Sheikh el-Raïs (« Prince des savants » ou « le plus grand des médecins »). Peut-être le meilleur représentant de l'universalité des connaissances humaines. Un énergumène de haute volée.

Frédéric s'est aussi sans doute frotté à la pensée de Muhammad ibn Musa al-Khwarizmi (v. 780-v. 850), mathématicien arabe considéré comme le fondateur des mathématiques, pas moins. Ses écrits, traduits en latin, ont été diffusés en Occident et ont servi de base à la connaissance mathématique jusqu'au siècle d'Hohenstaufen. Al-Khwarizmi était agile. Il a utilisé et perfectionné le système de numération indien. On lui doit la numération décimale. Cet effervescent a été parmi les premiers à utiliser le zéro comme marqueur de place dans notre système de numération. C'est lui l'acrobate mental qui a fait traduire les textes grecs dont l'œuvre de Ptolémée intitulée sous sa forme arabisée *Almageste* et qui a établi des tables astronomiques indiquant les futures positions des astres. Le mot « algèbre » provient d'*al-jabr*, terme figurant dans le titre d'un de ses ouvrages, et le mot « algorithme » est dérivé de son nom latinisé.

Frédéric a également su l'existence d'Omar Khayyam (v. 1048-v. 1131), dont l'œuvre complète a apporté des résolutions de type géométrique à diverses équations du troisième degré – le principal n'étant pas de résoudre ces équations, mais de prouver l'existence de solutions solides à des problèmes géométriques ou trigonométriques. De plus, ce remarquable astronome a calculé la durée d'une année avec une stupéfiante précision.

En Frédéric respire la pensée d'un autre irrégulier : Jabir ibn Hayyan (v. 722-815), alchimiste d'origine perse considéré comme le père de la chimie pour avoir été le premier à pratiquer l'alchimie de manière scientifique.

Frédéric a probablement fréquenté les travaux d'Ibn al-Haytham (965-1040), un des premiers promoteurs de la méthode scientifique expérimentale, mais aussi un des premiers physiciens théoriciens à utiliser les mathématiques. Al-Haytham s'est illustré par ses travaux clés et fondateurs dans les domaines de l'optique physiologique et de l'optique. À l'époque, on décrit al-Haytham comme le premier véritable scientifique.

Frédéric sait parfaitement que l'islam matheux est le grand réservoir de physiciens épatants, de géographes inclassables, de mécaniciens hors pair, que sais-je encore. Devenu empereur de l'Occident très chrétien, cet arabophone natif prend alors une décision politique incalculable qui va changer la face du globe, notre manière de penser et d'agir pour l'éternité. Au nez et à la barbe des papes aigres et du clergé d'Occident enkysté dans le dogmatisme romain, il fait venir dans les universités d'Europe des professeurs arabes chargés de bouturer chez nous le mode de pensée révolutionnaire qui accompagne la science expérimentale islamique. Frédéric prépare ainsi avec méthode le substrat intellectuel de la Renaissance qui explosera deux siècles plus tard. Au grand courroux des sombres pontifes de son temps, qui n'auront de cesse de l'excommunier, d'où sa garde rapprochée musulmane qui désobéit auxdits pontifes acariâtres.

Importer la science expérimentale musulmane afin qu'elle fasse souche en Occident change durablement la face de l'espèce. Sans Hohenstaufen, pas de révolution copernicienne, pas de Galilée, pas de révolution Meiji au Japon, pas de Pasteur équipé mentalement pour dynamiter l'héritage scientifique obsolète d'Aristote, pas de révolution industrielle partant d'Europe.

Ce politique reste sans doute le plus vaste à mes yeux, celui qui montre jusqu'à quel sommet d'intelligence peut se hisser l'action d'un chef d'État qui assume les destins de la psyché mondiale.

Ado, j'ai été profondément rassasié par la découverte de cet homme ample. Quand il m'arrive d'écouter une émission politique à la télévision où l'étriqué le dispute au piteux, je pense à lui, à son souffle impérial… et à mon Pierre, mon grand beau beau-père. À son sourire victorieux le jour où, triomphant de mille souffrances et avanies, il épousa ma mère.

Dieu que j'aime la grandeur en tout.

Nous ne sommes pas nés pour autre chose.

C'est également Pierre le bienveillant qui me fit aimer l'alter ego japonais d'Hohenstaufen, l'empereur qui, de 1867 à 1912, s'attela à réformer la psyché japonaise. Patient, il modernisa de manière irréversible la culture de son pays, avec l'obsession de lui éviter la domination occidentale. Grâce à Mutsuhito, le Japon est l'un des rares territoires d'Asie qui n'a jamais été colonisé et qui a même rejoint les nations prédatrices.

Mon Pierre ne s'était pas trompé : Mutsuhito est une statue érigée dans le même granit qu'Hohenstaufen, de ces êtres qui m'apaisent par leur hauteur.

En quarante-cinq ans de refonte identitaire obstinée, ce sphinx asiatique tire de l'isolement – avec l'aide d'une escouade de ministres oligarques déterminés – son peuple en retrait du monde de façon quasi étanche pendant plusieurs siècles, afin de lui donner les moyens mentaux d'affronter la modernité. Mutsuhito flaire que tout développement réel part d'une modification de l'idée de soi qui flotte dans les cervelles de ses sujets. Ses réformes apparemment techniques visent toutes à enclencher cette mue identitaire. Il gouverne sur un autre plan, loin des grenouillages nippons. Il choisit la grandeur.

La révolution psychologique Meiji, assez unique dans les annales de l'Histoire, est le fait d'un homme soi-disant dirigé par son entourage mais qui, en réalité, est la constante de cette mutation. Mutsuhito fait beaucoup plus que distribuer la terre aux paysans ou équiper son territoire en chemins de fer ou en industries. Tout en rejaponisant les symboles du pouvoir dès la refonte du rituel de son intronisation, rompant avec l'antique système féodal autarcique, il mène une politique d'ouverture au globe d'égal à égal.

Le Japon neuf expédie ses étudiants les plus brillants aux quatre coins de la planète, organise à grande échelle une coopération intellectuelle et très pratique avec des militaires prussiens, des ingénieurs européens et américains. L'animal déifié est formel : « Nous devons quitter nos anciennes façons d'être. » Avec une rare intelligence, cet Hohenstaufen d'Asie abolit la classe guerrière des samouraïs en les reconvertissant dans le monde des affaires. Leur énergie est réorientée. Ses guerriers rangent leurs sabres et deviennent des acteurs clés des débuts de l'industrialisation du pays.

En 1873, Mutsuhito va même jusqu'à faire basculer le Japon du calendrier luno-solaire chinois au calendrier grégorien. Au sens propre, il change le temps de son archipel pour le resynchroniser avec les fuseaux de la modernité. Imagine-t-on aujourd'hui un politique capable de faire muter à ce point sa nation ?

En 1885, le Japon rejoint une convention internationale qui le fait entrer peu à peu dans le système métrique – tout un symbole d'acceptation du référentiel mondialisé. De nombreux termes sont ensuite forgés pour enrichir la langue japonaise de mots désignant des objets ou concepts occidentaux, mais à partir des racines chinoises et de kanjis, articulant les racines et la modernité. C'est le cas par exemple de 電話 (*denwa*), qui signifie « téléphone » (électricité + parole). Que l'on songe à ce que signifie pour un peuple autarcique pendant des lustres le fait d'augmenter ainsi son ADN identitaire : le nombre des mots qu'il utilise ! Quand une politique parvient à modifier le langage même, le chef se hisse au rang des vrais grands réformateurs du cadre mental. Combien aujourd'hui peuvent se targuer d'une telle ambition spirituelle ?

Mutsuhito et Hohenstaufen nous rappellent à quelle hauteur l'action politique de long terme peut et doit se situer. Leurs statues de Commandeurs admonestent nos petitesses. Sans ces êtres de rupture, j'aurais désespéré de la politique et, par suite, de la vie elle-même.

Aujourd'hui, mon grand Pierre est mort. Il repose au cœur d'un petit cimetière qui domine la vallée verte du Petit Morin. Il dort dans le même caveau que ma mère. Il a gagné. La grandeur est un passeport pour l'éternité.

Ma vie vivifiée

Publier ce livre – qui est pour moi un ouvrage « politique », au sens où je l'entends – est une petite contribution à l'épopée mentale de notre espèce.

Si nous pensons différemment, tout ira bien : Sapiens *surmontera tous les défis écologiques et autres qui se dressent devant lui. Si, en revanche, nous restons dans les cadres qui ont créé nos problèmes, nous serons balayés.*

II

Mes découvreurs

Gil Eanes :
dépasser le cap de la Peur

Eanes, l'homme-rupture, le téméraire, celui qui a changé la géographie mentale d'*Homo sapiens* au XVe siècle, s'est glissé dans mon imaginaire il y a vingt-trois ans déjà. Ce matin-là, je patiente dans la salle d'attente immaculée d'une clinique parisienne où l'on inflige des rayons aux cancéreux. Autour de moi, des destins percutés, des épuisés aux visages creusés, accrochés à des bribes d'espoir. J'accompagne une âme chère, la mère de mes fils, qui a déjà été appelée. Et je tremble, seul avec ma frousse. À côté de moi, parmi les rayonnés, une vieille dame me parle soudain avec un fort accent tchèque :

– Vous avez peur ?

– Oui.

– Vous avez tort.

– Pourquoi donc ?

– J'ai survécu à l'action d'hommes comme votre grand-père, et soudain je vous rencontre. La vie est pleine d'inattendu.

– Vous connaissez mon grand-père ?

– Jean Jardin, directeur de cabinet de Pierre Laval.

Fidèle des fidèles du plus collabo des hommes d'État français.

– Exact. Mais aujourd'hui, je n'ai pas peur pour moi... pour une proche.

– On a toujours peur pour ses proches. Les miens sont restés là-bas. Ils ont eu tort d'avoir peur pour moi : regardez, je suis là.

– Vous en faites quoi de la peur ?

– Je lui rends visite. Et je la dépasse. Vous connaissez Gil Eanes ?

– Non. C'est notre saint patron à tous, si j'ose dire. Juifs inclus. Si le monde était bien fait, il y aurait des statues de ce navigateur sur toutes les places du globe.

La vieille dame sort un livre de son cabas et, sous l'œil intrigué des patients qui attendent, me lit à voix haute un passage consacré à cet impensable qui a vaincu l'une des plus grandes peurs occidentales.

J'écoute.

Au fil de ses mots, ma peur s'estompe. Le vent du large m'emporte.

En 1434, le bateau de Gil Eanes roule dans la houle sombre de l'Atlantique et double le cap Bojador, en bordure de la Mauritanie. Les eaux profondes gémissent et se convulsent. Les voiles blanches claquent. Eanes est flippé. Son équipage grelotte de trouille. Depuis l'Antiquité, les marins d'Occident et d'Orient ont baptisé cet endroit maudit le « cap de la Peur ». S'aventurer au-delà, c'est se faufiler en enfer, se faire dévorer ou tomber dans le vide astral. On dit que le soleil fait bouillir la mer peuplée de monstres nommés les « antipodes ». Aucun flambard ne s'y risque.

C'est le prince portugais Henri le Navigateur, un curieux cérébral qui ne quitte jamais son château de Lagos, qui a lancé cette expédition. L'une des plus importantes de tous les temps. Il a confié la mission à son capitaine de confiance, Gil Eanes. Un expert dans l'art de mater les effrayés des équipages.

Ce matin-là, Eanes est le premier navigateur d'Occident à franchir le cap de la Peur, cette frontière psychologique qui contient les Occidentaux en Occident. L'Histoire ne retiendra pas le nom de cet intrépide alors que son audace a chamboulé l'idée que nous nous faisons alors de la planète. Soudain, l'océan est partout. Le ciel est blanc de brume et de chaleur immobile. Parvenant à juguler la panique de ses hommes, Gil Eanes pénètre dans l'inconnu. Abasourdis qu'il ne leur arrive rien, ses marins se marrent un peu et consentent à filer vers le sud. L'étrave débusque des nuées de poissons volants. S'écoulent alors des journées sèches. À mesure que l'escouade s'éloigne et que fond leur préjugé, la chaleur croît dans l'air poreux. La salure des eaux se densifie. Le clapotis presque lacustre des rivages invite au débarquement mais Gil Eanes poursuit. Porté par les vents humides africains, il longe les côtes, descend jusqu'à l'éblouissant golfe de Guinée et de braves peuples côtiers[1], amateurs de pagaies et pêcheurs de leur état.

1. Qu'il reviendra déporter en pratiquant la traite. Il est dit que le bien s'accompagne toujours du mal le plus féroce.

La terre d'Afrique lui est un perpétuel sujet d'étonnement. Tout ahuri, il revient vite au Portugal porteur de l'incroyable nouvelle : au-delà du cap Bojador, on ne tombe pas ; on peut décamper d'Europe et aller fureter à travers le globe ; contre toute attente, il n'y a pas de monstres gobeurs d'hommes.

En quelques années, riches de ce savoir, dominant les ignares cramponnés à leur ignorance, les Portugais vont découvrir la Terre et dynamiter la géographie occidentale. L'âge d'or de l'exploration lusitanienne puis espagnole, avec ses gloires et ombres, démarre en trombe. En quelques décennies, Vasco de Gama, Magellan, Christophe Colomb et d'autres inventent le globe que nous connaissons. Gil Eanes, cet obscur capitaine propulsé malgré lui dans un rôle majeur par Henri le Navigateur, est directement à l'origine de l'âge des découvertes des Européens. L'ignardise instituée régresse. La Méditerranée boit l'Atlantique qui avale le Pacifique.

Mais l'affaire est bien plus vaste qu'une question de géographie. Ce qui se joue juste après le franchissement du cap de la Peur dans la première moitié du XVe siècle est une évasion sans précédent de nos peurs séculaires. L'âme humaine se délivre d'une géographie de la terreur tenue pour un fait intangible par les sociétés établies – verrouillées par mille abrutis respectés.

La vieille dame achève sa lecture à voix haute. Les patients ont changé de visage, d'espérance. Tous l'applaudissent. L'émotion est palpable.

Gil Eanes est du nombre trop restreint des incroyables qui, bravant tout, nous apprennent à torpiller nos limites, à bondir au-delà de nos propres caps de la Peur et à élargir notre capacité à fabriquer du bonheur inédit. Fichons-nous des croyances des ânes, des chiffes molles et des mollusques de la volonté qui rétrécissent tout.

Ébranlé par ce moment de grâce, je demande à la vieille dame son numéro de téléphone et son nom.

– Non, me réplique-t-elle. La rencontre a eu lieu. Que voulez-vous de plus ?

Une infirmière déboule et lui annonce que c'est son tour. Elle me sourit, s'éclipse et me laisse Gil Eanes en héritage.

Le cancer de ma première femme n'a pas eu le dernier mot. Il n'avait pas la gravité imaginée. Nous avons franchi le cap de la Peur.

Ma vie vivifiée

J'ai seize ans. Je sais à peu près ce que ma volonté peut obtenir mais j'ignore encore ce que mon involonté me permet.

Mon beau-père, le beau Pierre, nous apprend un lundi matin qu'il a passé le week-end dans un « stage de marche sur le feu ». Contre toute attente, Pierre n'a pas brûlé en parcourant pieds nus un chenal de sept mètres couvert de braises. Il nous confie son triomphe au petit déjeuner en exhibant ses voûtes plantaires intactes, encore dans la fièvre de son expérience qu'il nous avait cachée. Aussitôt ma mère s'écrie :

– Les enfants, c'est merveilleux ! Je vous inscris !

Chez les Jardin, le mot « prudence » sent l'ignominie, voire la bassesse. Personne n'a la mesquinerie de considérer que transformer des enfants en combustible peut être contestable.

Huit jours plus tard, mon jeune frère Frédéric (douze ans) et moi sommes plantés avec un camarade de lycée devant le même type de grand feu que celui qui n'a pas calciné Pierre.

L'« enseignant » du « stage sur la stratégie d'action » nous recommande de dénicher au plus profond de nous-mêmes une « stratégie personnelle » afin de réussir cette traversée à travers nos trouilles légitimes. J'opte alors pour une stratégie simple : me visualiser à l'autre bout du chenal sans plus penser à rien, et attendre que quelque chose en moi agisse afin de me fondre dans cette image. Instinctivement, je sais que ce n'est pas ma détermination qui va me faire réussir mais un morceau de moi plus essentiel, une part que la volonté met en déroute.

Mon tour vient. On dégage avec un râteau quelques bûches ardentes afin que je ne trébuche pas sur le lit de braises et, pour la première fois de ma courte vie, j'arrête totalement de penser. J'attends de me hisser à un mode de conscience supérieur qui établit d'autres liens avec le monde. Mon corps se déplace lentement malgré moi.

Et je ne brûle pas.

Je passerai deux autres fois (soit vingt et un mètres de braises) pour être bien certain de n'avoir pas rêvé. À trois reprises, je découvre le pouvoir déroutant de la non-pensée, du non-vouloir.

Ma pensée trop présente lors du passage m'aurait soit fait brûler – ce qui sera le cas de ma mère qui brûlera tragiquement lors d'un stage suivant en se « réveillant » au milieu du chenal – soit carrément interdit de poser le premier pas.

Penser autrement peut signifier s'évader de sa pensée, ne plus adhérer à ses limites, s'en extraire. Et faire confiance à la vie. Comme Gil Eanes le fit en 1434.

Cette expérience extrême vécue dans le Sud français à la fin du XXe siècle m'a permis de connaître tôt dans ma vie l'extraordinaire ressource de l'involonté, cette force qui permet de franchir ses caps de la Peur.

Magellan,
le maestro des crises

– Tu n'as rien compris !

Je regarde mon vieux libraire, intrigué.

– Toute crise peut devenir un bienfait, un jackpot existentiel, me confie Tony, le vieux Gitan dont les colliers en or font bling-bling.

Il ajoute :

– Mais notre cerveau est programmé pour les éviter plutôt que de les rechercher avec gourmandise. C'est un véritable carburant.

– Pourquoi me dis-tu cela ?

– Tes histoires d'amour marcheraient mieux si tu te servais du conflit.

Tony peste, regrette bruyamment que les déclencheurs de crises, les belliqueux toniques et les clarifiants passent pour des casse-bonbons et des à-tenir-à-distance. Puis, mon vieux libraire d'ouvrages d'occasion de la porte de Saint-Ouen aux dents en or – aujourd'hui disparu – me tend la biographie de Magellan écrite par Stefan Zweig[1].

1. *Magellan* (Le Livre de Poche).

– Lis ça, Alex. Tu verras, ce Portugais savait déclencher de sacrés drames féconds !

Tony aime vraiment les femmes. Et toutes ses conquêtes, il les a rencontrées en acceptant de croiser le fer avec elles. La première, celle qui va tendrement le dépuceler, est la directrice de son lycée. Au cours d'une scène homérique où il lui sort ses quatre vérités sur la gestion de la violence dans son lycée en Seine-Saint-Denis, elle s'éprend de lui. L'affrontement est âpre. Il lui roule une pelle. Ils resteront amants trois ans, clandestinement. Tony découvre ce jour-là que déclencher un conflit permet à l'inattendu de surgir. Sa première épouse est policière. Dans une enquête sur un cambriolage mouvementé, elle l'interroge comme témoin et se montre si tatillonne qu'il lui rentre dedans. Quolibets, menaces, vitupérations. Elle le met en garde à vue pour outrage… et le garde dix-sept ans. Toutes ses conquêtes, Tony les doit à son art de la colère et son amour du conflit.

Il a raison : les séismes les plus aigus sont presque toujours des pochettes-surprises. Tout vent contraire fabrique de l'énergie. Quiconque les fuit ne remontera jamais le vent, ou ne décollera pas. Seul le vent de face permet à un aéroplane de décoller. En aéronautique, le vent contraire est le plus merveilleux des outils.

Magellan entre ce jour-là dans ma famille Jardin imaginaire. Navigateur de la fin du XVe siècle, c'est un animal rusé et brutal. Son sens de l'humour n'est pas évident, ni sa galanterie. Mais son équipage ne réalise la prouesse du premier tour du monde que parce qu'il maîtrise l'art de déclencher des crises sanglantes au moment où il conserve une chance d'avoir le dessus sur ses mutins. Son navire est constamment en proie à des révoltes latentes, assassines et cogneuses. Convaincue qu'il est perdu et qu'il les conduit à la mort, sa troupe fermente constamment de trouille. Tous rêvent de lui tordre le cou pour rentrer en Europe.

Là est son talent essentiel.

Quand Magellan descend les côtes inviolées de l'Amérique du Sud à la recherche d'un passage pour se faufiler vers le Pacifique, plus le temps passe, plus les matelots se persuadent que ce passage est un mythe, qu'il n'existe pas et que s'user en vain à le traquer les conduira à périr sous des latitudes où les tempêtes sont effroyables. Leur sens de la rigolade fond. Magellan entend son équipage gronder, et les poignards s'aiguiser. En péril, il décide avec génie – et il le fera toujours – de choisir l'heure exacte et le jour où il provoque le conflit avec les rebelles, qu'il fait aussitôt jeter aux fers. Sans états d'âme, il les abandonne sur la grève argentine avant de réussir son coup en découvrant le cap Horn.

Cette maîtrise du conflit chirurgical est la base de son triomphe, et donc de la victoire qu'il remporte pour notre espèce. Son courage immodéré ouvre la voie des circumnavigations, de l'unification du globe.

Comme lui, la plupart de mes maîtres à penser recherchent l'adversité féconde car ils connaissent les vertus du vent contraire.

De Gaulle n'était ni affable, ni sympathique d'allure,

ni même gentil sur le fond – les pieds-noirs[1] s'en souviennent encore. Militaire, il est à l'aise avec le conflit d'où jaillit un monde actualisé. Sans doute l'aime-t-il au plus profond de lui-même. Comment quitte-t-il la scène de l'Histoire en 1969 ? Par un conflit ouvert entre lui, les élites françaises un peu veules et sa nation. Son personnage peut-il déserter dans un soupir alors que toute sa geste, chargée de symboles puissants, s'adresse à l'âme française en affrontant la difficulté ? Inoxydable bousculeur, il déclenche un référendum frontal[2] parce qu'il sent qu'il va le perdre et que, désavoué par son peuple, il aura l'occasion de se soumettre à son souverain en champion de la démocratie. Charles croit qu'un président sans soutien populaire, maintenu par les seules institutions, n'est rien ; un pantin juridique, pas l'expression d'une volonté nationale inspirée. En 1969, il nous apprend que la victoire de ses valeurs passe par la défaite consentie.

Le non à son être profond est de 52,41 %

De Gaulle s'en va en lutteur, pas en vieillard.

---

1. Au lendemain de l'indépendance de l'Algérie, ceux-ci, exposés aux massacres, durent être rapatriés en France dans des conditions infernales, perdant tout, et furent mal accueillis.

2. Sur la décentralisation et la participation des salariés aux profits des entreprises.

Ma vie vivifiée

Après avoir lu la biographie de Magellan écrite par Stefan Zweig, j'ai pris l'habitude de déclencher de temps à autre ce que j'aime appeler des « crises positives ».

Un jour, j'ai participé à une émission diffusée un dimanche sur France 2, invité par le présentateur, Laurent Delahousse, en compagnie du ministre de l'Éducation de l'époque, Vincent Peillon. Sur le plateau télé, je vois soudain cet officiel déclarer tout l'inverse de ce qu'il me confiait trois minutes auparavant en off dans la salle de maquillage. Ses doutes ont disparu, il distribue les « éléments de langage » lissés de sa tribu politique. Que faire ? Participer à la farce en lui renvoyant la balle, comme si je ne savais pas ce qu'il pense en réalité ? Me la boucler en respectant la coutume qui veut qu'en direct on cache au public le off de la plupart des émissions politiques ?

Tout à coup, je pense que les faux-semblants ruinent le débat public. Je dis alors la vérité : « Il y a quelques minutes, pendant le maquillage, vous disiez le contraire, vous aviez des doutes d'homme sensible, touchant. Là, vous êtes un automate. » Je le vois se décomposer : le truqueur sait que c'est vrai. La houle qui se lève ensuite en direct me semble saine pour notre pays. N'est-il pas vital pour notre démocratie de s'accoutumer à vivre avec l'inconfort du vrai ?

J'ai également allumé une crise ouverte avec ma vieille maman dans les derniers temps de sa vie. Je lui parle soudain de sa non-ouverture de cœur qui me blesse, sans raboter ma déception. Elle est là, chiffonnée face à moi, et soudain je la vois assumer frontalement sa fermeture : « Je suis comme ça, c'est dans le bonhomme », tonne-t-elle. Puis elle s'enfuit dans sa fatigue et s'endort sous mes yeux. Je la réveille et lui demande d'arrêter de demander aux autres d'éponger ses peurs. Elle referme aussitôt les yeux et se rendort sous mon nez. Je perds son regard. Attitude spectaculaire qui me désarçonne. Mais dans son extrême fin de parcours notre relation devient plus vraie in extremis. Mon choix de vivre nos crises ultimes nous unit. On se fouille et pas à demi-mot. On s'aime en vérité.

Ératosthène :
un calcul, un chameau et un obélisque

Le bac en poche, je fais un détour chez Soko, un ami intime de mon grand-père, espion multicarte que j'imagine communiste. C'est avec ce Slave rieur que la distribution de l'argent du patronat aux partis politiques français se faisait jusqu'en 1974. Un drôle d'homme sec au physique en biais, comme son âme. La pointe de son crâne osseux, recouvert d'une étrange moquette grise qui lui sert de chevelure rase, culmine à l'arrière et plonge directement jusqu'au bout de son nez qu'il a pointu. Soko est dispensé de front.

Rue du Bac, à Paris, nous bavassons sous des toits chics.

– Soko, je vais faire de la politique…

– Ah !

– Je me suis inscrit au concours de Sciences Po.

– Malheureux ! Ce n'est pas une adresse pour toi. Laisse ça aux minus, aux chefs de bureau. Fais plutôt une école de renseignement.

– De renseignement ?

– Tu seras sous statut militaire mais sans uniforme,

rassure-toi. Tu recevras une culture générale de qualité et tu apprendras des tas de choses utiles dans les aléas de la vie politique : résister à un interrogatoire, anticiper, chiffrer un message, escamoter un personnage pénible…

– Soko, je ne veux pas être un espion. Ni tuer qui que ce soit.

– Alexandre, s'il te plaît, ne sois pas simpliste.

– Je ne veux pas être un espion.

– La plupart des chefs d'État du monde sont passés par les services de renseignement : Bush, tous les Russes… Raisonne largement.

– Je crois que je vais m'en tenir à Sciences Po.

Consterné par mon étroitesse, Soko écarte une pile d'exemplaires de *La Pravda* – tous les matins, il lit l'organe du Parti communiste d'URSS – puis il se tourne vers le vrac de sa bibliothèque multilangue. Soko glane alors pour moi quelques ouvrages sur la place réelle des services de renseignement sur la scène mondiale et y ajoute, curieusement, une mince brochure traduite du russe consacrée à un certain… Érathostène.

– Qui est-ce ?

– Un grand homme, tu vas voir… *Think different*, Alexandre ! Et sois sérieux : oublie Sciences Po et ses professeurs poudrés. *Pensa diversamente !*

Pourquoi ai-je commencé par ce document ? Intuition que Soko, décalé en presque tout, me transmettait quelque chose. Les processus mentaux d'Ératosthène m'ont d'emblée conquis.

Certains découvreurs ont plus cru en leur pensée perçante qu'en ce que leurs yeux (de courte vue) leur disaient. Grâce au don de raisonnement, ces illuminés se sont littéralement échappés des limites de la psyché de leurs contemporains. Refuser ce qui semblait évident à tous au motif que la logique leur murmurait autre chose, sans jamais dévier de leur raisonnement, a dû, je l'imagine, les faire passer pour de francs givrés. Comment leur famille a-t-elle survécu à l'affrontement brutal avec des sociétés accusatrices, inquiétées par leur liberté ? Et leur couple ? Ont-ils perdu la confiance de leurs proches ? Ont-ils été l'objet d'humiliations ? Ces exagérés-là, authentiques acrobates de la pensée, sont pourtant l'honneur de notre espèce.

J'aime que ces raisonneurs d'élite nous aient appris qu'il est possible de croire en soi plutôt que dans les « évidences » du monde sensible.

Le champion de cette catégorie reste d'évidence cet Ératosthène lointain (v. 276-v. 194 av. J.-C.) que m'a présenté Soko l'année de mes dix-huit ans. Au IIIe siècle avant notre ère, cet Égyptien atypique entreprend l'expérience scientifique la plus extraordinaire de l'Antiquité : le calcul de la circonférence de la Terre avec un chameau et un obélisque.

Observateur renommé du ciel, doté d'un œil sidéral, cet oiseau rare tient pour certain que notre planète est sphérique. Mais quelle est la circonférence exacte de cette boule ? Pensant de manière contre-intuitive, libéré par les mathématiques de son temps, Ératosthène, grand géographe matheux, est alors directeur de la bibliothèque d'Alexandrie. Curieux de tout, il a entendu des commerçants raconter qu'à Assouan, le 21 juin à midi, le jour du solstice d'été, on peut voir l'image du Soleil se refléter au fond d'un puits ; cela signifie que le Soleil est alors exactement à la verticale du puits. Et donc, le 21 juin – 276 à midi tapant, à Alexandrie dans le delta du Nil, Ératosthène mesure la longueur de l'ombre d'un obélisque. Par un bref calcul géométrique, il déclare que le Soleil fait un angle de 7,2 degrés avec la verticale. Pour Ératosthène, il ne reste plus qu'à calculer la distance entre Assouan et Alexandrie.

Pour cela, il a bêtement recours à un bématiste, un arpenteur de l'Égypte antique dont le boulot très officiel est de mesurer les distances. L'usage des bématistes est de compter le nombre de pas (*béma* en grec) d'un chameau entre deux points ; le chameau ayant une marche très régulière, les calculs se révèlent d'une stupéfiante précision. Le bématiste d'Ératosthène lui fournit une mesure de cinq mille stades entre Assouan et Alexandrie, soit 787,5 kilomètres, ce qui est presque conforme à la réalité mesurée aujourd'hui par des satellites. Ensuite, à l'aide d'un calcul simple de proportionnalité, Ératosthène obtient le résultat suivant : si 787,5 kilomètres correspondent à 7,2 degrés, alors un tour complet, soit trois cent soixante degrés, correspond à trente-neuf mille trois cent soixante-quinze kilomètres de circonférence planétaire.

Incroyable résultat, quand on sait que la valeur retenue de nos jours est à l'équateur de quarante mille soixante-quinze kilomètres. Avec son chameau et son calcul de proportionnalité, le bibliothécaire d'Alexandrie ne s'est gouré que de sept cents kilomètres !

Imagine-t-on la liberté intérieure de cet individu gréco-égyptien qui s'échappe des évidences de son siècle pour croire en la force de son raisonnement ? Ce qu'il lui faut affronter comme railleries émises par des cohortes de suffisants ? Le nombre de connards platistes qu'il a dû bousculer pour mener à bien son expérience ?

Une seule chose me dérange profondément dans cette histoire : Soko. Pour les êtres radicalement libres, si tout reste possible, cela veut dire que tout est permis. Un jour de 2012, j'ai appris que sous l'Occupation Soko avait surveillé son meilleur ami, mon grand-père, pour le compte de la SS. Il rendait compte chaque semaine boulevard Lannes, à Paris, et fut grassement rémunéré. Cette trahison m'a terrifié. L'extrême liberté est aussi celle d'être un monstre.

Ma vie vivifiée

Ératosthène est entré tôt dans ma vie alors que ma curiosité multidirectionnelle m'emmenait vers l'histoire de l'astronomie. C'est lui, cet Égyptien hellénisé, qui m'a appris à croire en mes raisonnements plus qu'en ce que je perçois avec mes propres sens, à réfléchir plus qu'à voir.

À dix-sept ans, alors que je vivais encore chez ma mère, je recevais une lettre d'amour anonyme par jour. Impossible de savoir à l'œil nu qui en était l'auteure. Aucun indice dans cette avalanche de courrier poétique ne me conduisait à une fille précise. J'ai étalé sur mon bureau la trentaine d'enveloppes pour analyser les tampons indiquant à quel endroit elles avaient été postées. Les tampons variaient, mais dessinaient un coin de Paris… où je ne connaissais qu'une jeune fille, fort jolie. Je lui ai écrit une lettre anonyme, parfumée, rieuse, audacieuse, moqueuse, raisonneuse.

Mon raisonnement fut le bon.

Penser plutôt que voir mène à tout.

Stephen Hawking, le voyageur immobile qui accorde une attention totale à la pensée

Longtemps j'ai souffert de mon superficialisme, de mon non-engagement radical dans une direction pour donner à mon esprit sa fermeté. Je me savais condamné à traîner une personnalité inachevée. Et puis j'ai découvert Stephen Hawking par ses interviews et ses livres. Un dérangeur de tranquillité.

Physicien d'élite, professeur de mathématiques à l'université de Cambridge et grand cosmologiste, Stephen Hawking souffrait d'une forme rare de sclérose latérale amyotrophique, une maladie atroce qui progresse inexorablement au point de paralyser quasi complètement. Ses travaux sont fondés sur l'élaboration des théorèmes sur les singularités vissés dans le cadre de la relativité générale, et sur la prédiction que les trous noirs devraient émettre ce que d'aucuns nomment aujourd'hui le « rayonnement de Hawking ». Vous n'avez rien pigé ? Ce n'est pas grave.

Cet homme attaqué par son propre corps a simplement compris que les trous noirs de l'espace intersidéral ne sont pas noirs, mais qu'ils émettent de la lumière comme un corps chaud ; ils rayonnent, puis s'évaporent. Les travaux de Hawking n'ont pas créé un nouveau cadre de pensée globalisant, mais dans sa déveine corporelle, il a eu du pot pour réussir à « soulever un coin du voile qui obscurcit notre compréhension de l'univers », comme disait joliment Einstein.

Pétrifié par la sclérose qui le statufie peu à peu, Hawking parvient à dicter des livres époustouflants. Enfermé dans son corps-sarcophage, il démontre que l'esprit reste léger et d'une agilité absolue. Ses excursions immobiles sont d'une rare fécondité. La maladie la plus terrassante ne dompte pas ce découvreur-cerveau. Elle lui procure au contraire un surcroît de vitalisme intellectuel. Hawking parle toujours de lui-même et de ses voyages dans le cosmos avec une sincérité qui me bouleverse : « J'ai vécu des choses extraordinaires sur cette planète, et en même temps j'ai voyagé à travers l'univers par la pensée, au moyen de mon cerveau et des lois de la physique. J'ai atteint les confins de la galaxie, plongé dans un trou noir, et je suis revenu à l'origine du temps. (...) Mon plus grand privilège a été de contribuer à notre compréhension de l'univers. »

Cet homme-esprit, arpenteur de l'espace et sans mélancolie, m'invite à faire un tout autre usage de ma pensée, à la considérer enfin, à la condenser avec sérieux. Comment diable ?

– En lui accordant un temps considérable, alors que je passe mes heures à éluder ma propre pensée, à m'en échapper. La clé de sa réussite foudroyante est là !

– En gambergeant de façon à la fois rigoureuse et facétieuse, alors que je n'arrête pas de me divertir en vain, de gaspiller mes ressources mentales.

– En réfléchissant collectivement, alors que l'individualisme ambiant ne nous y incite guère – écrivain, je tombe plus qu'un autre dans ce travers imbécile. Le handicap de Hawking l'a contraint à cette discipline devenue progressivement une allégresse. Sans corps, il a été dans l'obligation de déléguer un grand nombre de tâches. Tout ça n'a été possible que parce qu'il entretenait des amitiés d'une anormale intensité.

Être un Hawking, c'est avant tout ne plus se disperser, c'est entendre ce qu'il nous hurle dans son statisme, c'est vivre enfin en respectant notre cerveau, c'est voyager aux confins des choses et de l'univers en faisant un permanent usage de notre boîte crânienne.

C'est ainsi que, pétrifié, il est allé plus loin.

Quelle beauté !

Ma vie vivifiée

Accorder un temps invraisemblable à ma réflexion ne m'est devenu familier que depuis que j'aime ma Canadienne. Par mimétisme amoureux. Le temps long, ardemment mobilisé, est la matrice de sa créativité qui m'époustoufle. Cet être obsessivement perfectionniste m'a appris à érotiser ma propre réflexion en la faisant changer de niveau.

Elle jouit littéralement de mettre interminablement

son esprit pénétrant au service d'un sujet. Sa frénésie de la lenteur m'a donné le goût des très longues descentes en apnée dans une recherche poussée. Elle est l'exemple aimé du débridement mental lent et fougueux.

James Cook,
génial destructeur de mythes

Simone Jardin, ma grand-mère paternelle, tenait les normaux, les sans-originalité pour des paltoquets, des crétins à révoquer, quelle que soit leur position. J'ai donc été à bonne école. À Vichy, accompagnant poliment mon grand-père, elle déjeuna une fois avec le maréchal Pétain et Pierre Laval. Mais elle trouva, me raconta-t-elle, « ces gens » si mortellement ennuyeux qu'elle s'endormit à table et tomba le nez dans son assiette. Il fallut l'évacuer.

Elle nourrissait en revanche une passion pour les non-découvreurs ambitieux, avec une préférence pour les êtres mystérieux qui avaient eu pour but de ne pas voir ce que tout le monde imaginait. C'est elle, la première, qui me parla de l'étrange Cook.

Le 26 août 1768, un ancien navire charbonnier racheté par le Royal Navy, l'*Endeavour*, quitte le port de Plymouth avec un objectif très singulier : ne pas trouver une terre australe. L'explorateur James Cook a reçu pour mission officielle de patrouiller dans les très dangereux océans de l'hémisphère sud, souvent qualifiés à l'époque de « territoire du vide », afin de prouver une fois pour toutes que le mythique continent austral – qui flotte encore sur les cartes officielles – n'existe pas.

Pour la première fois, un explorateur ne doit rien voir, ne doit pas planter le drapeau de son pays quelque part. Il doit simplement légitimer les dénégationnistes.

Certains navigateurs majeurs ont jadis cru apercevoir cette fameuse « terre australe inconnue », à commencer par Magellan qui, en 1520, l'a confondue avec la Terre de Feu. Au XVIe siècle, on imaginait cette terre comme un colossal territoire s'étendant du détroit de Magellan jusqu'à l'Australie actuelle. En 1642 a même eu lieu l'expédition déterminante d'Abel Tasman qui a effectué le tour complet de l'Australie et a ainsi pu en cartographier les côtes. En la contournant méthodiquement, il a prouvé qu'elle n'était pas réunie au mythique continent austral ardemment recherché.

Depuis l'Antiquité rôdait dans les esprits occidentaux une croyance persistante en un territoire gigantesque situé quelque part dans l'hémisphère sud. L'idée – apparemment logique mais débile – était née chez les pythagoriciens, selon lesquels devait exister une masse de terre située au sud pour équilibrer la planète. Ces sornettes s'appuyaient sur l'idée d'une symétrie entre les deux hémisphères. La flopée de découvertes au cours des XVIe et XVIIe siècles a accru le poids de cette conception. L'irruption du continent américain a même renforcé la certitude d'une symétrie est-ouest. Elle a également consolidé celle d'un équilibre nord-sud. S'ajoutait à cela le fait que le Pacifique, quasi inexploré jusqu'au XVIIe siècle, demeurait apparemment dépourvu de terres, sinon quelques grappes d'îles sympathiques.

Voilà comment, en l'an de grâce 1768, un navigateur très culotté, le capitaine James Cook, est sommé de ne pas découvrir le continent austral. Jamais on n'a monté une telle expédition, une expédition destinée à infirmer une spéculation géographique, un mythe tenace.

De quoi exalter ma grand-mère. Et moi par la même occasion.

Cook débarque en Nouvelle-Zélande et cartographie l'intégralité de ses côtes, montrant qu'elle ne peut pas faire partie d'un continent. En janvier 1773, la deuxième expédition Cook franchit le cercle polaire antarctique et rejoint la latitude 71° sud, sans se frotter au continent antarctique. Il démontre ainsi qu'un territoire aussi méridional, s'il existe bien, est situé dans les régions polaires et qu'il ne peut exister de terre habitable dans des régions au climat tempéré. Triomphal, le rapport du capitaine de l'*Endeavour* conclut clairement à la non-existence de la mythique *Terra australis* : victoire, on n'a rien vu, rien conquis, rien palpé, rien colonisé !

James Cook est parvenu à dissiper un mirage austral vieux de plusieurs siècles.

Toute la logique des grandes découvertes maritimes est inversée dans cet étrange périple : on ne scrute pas le réel, on se bat contre une illusion. L'*Endeavour* reste à mes yeux – et à ceux de mon aïeule – le symbole de la destruction des mythes sans cesse fabriqués par notre cerveau.

Nous conservons à tout instant la possibilité d'aller vérifier que nos croyances n'ont pas de réalité tangible. Il est à noter que Cook est un marin autodidacte, non un pur produit des préjugés solides du monde maritime britannique de l'époque ; sa cervelle lui appartient en propre. Gardons aussi en tête que cette non-découverte a permis de rapporter en Europe mille espèces de plantes séchées dans des herbiers et sous forme de graines, cinq cents poissons conservés dans l'alcool, cinq cents peaux d'oiseaux, des centaines d'échantillons minéralogiques et d'innombrables insectes. Mille trois cents dessins d'une incroyable exactitude illustrent cette documentation. Ne pas voir permet de mieux voir l'hémisphère sud.

De quels mythes peut-on débarrasser à jamais nos existences qui en sont encombrées ? Quelle certitudes débiles obstruent notre sort personnel et nos vies nationales ? Que devons-nous voir bien en face pour apercevoir le réel ? Suis-je prêt à monter à bord de mon *Endeavour* intérieur ? À cingler vers le vrai réel ?

Ma vie vivifiée

Enfant, j'allais en vacances en Suisse chez mes grand-parents paternels. Au centre de notre maison imposante qui dressait sa façade 1900 face au lac, trônait un homme respecté, honoré. Autour de lui gravitaient des « gens importants » : un officiel à l'œil de chasseur que certains appelaient « monsieur le Premier ministre », un autre qui semblait si riche que l'assurance d'être au-dessus d'autrui lui sortait par les pores (c'est là que j'ai appris l'insolence naturelle de certains fortunés), une secrétaire qui le vénérait. Mes oncles s'effaçaient devant la volonté du père. Contester sa position relevait du blasphème. Il était source de toutes vertus, autorité majestueuse, incarnation de la culture profonde et de l'esprit de justice. Ses mots faisaient rire. Ses amitiés l'embellissaient. Ses opinions valaient loi. Ses goûts étaient le chic.

Il meurt en 1976. J'ai douze ans. Ses obsèques rassemblent en plein cœur du Paris élégant le tout-venant des élites françaises : politique, culturelle, industrielle, bancaire. On me place dans l'enfilade familiale qui, à la fin de la messe, reçoit l'hommage de sa stature. C'est la première fois que je vois Jean d'Ormesson et ses yeux bleus en érection. Un vieux bougre, mal ficelé, me signifie qu'il est venu apporter la gratitude des « porteurs de la garde de Lyon » – ce détail m'est resté. Il y a donc de bas en haut de l'échelle sociale un unanimisme pour célébrer sa mémoire et son honneur. L'émotion générale le dit.

Pour la mise en terre, dans le doux cimetière de Vevey, je ne suis pas jugé assez important pour être du nombre. Être négligeable à côté d'un tel sphinx, bribe de Jardin, on me laisse de côté à Paris. Puis mon père publie des livres sur lui qui lui valent respect, succès et, pour couronner le tout, un prix littéraire. Enfin le dernier texte est gratifié d'une préface signée François Mitterrand qui ne tarit pas d'éloges sur le caractère hors série de celui dont je tiens mon nom : Jean Jardin.

Quand, ado, je commence à saisir qu'il a été le plus proche collaborateur du plus collabo des hommes d'État de l'Occupation, qu'il a bien été un intime de la nomenklatura SS qui dirigeait les salles de torture où gémissaient nos résistants en sang, qu'il a bien été le directeur de cabinet de Pierre Laval lors de la saison des grandes rafles (notamment celle du Vél d'Hiv), à bon poste pour faire fonctionner un régime racial infect, supérieur hiérarchique direct des Bousquet, Papon et autres exécutants et que la totalité des « amis de la famille », exilés en Suisse ou pas, a trempé dans l'ignominie d'un régime fasciste aspirant à l'intégration dans l'Europe nazie, je me mets à tousser pour un long moment avant d'accepter que Jean Jardin était un mythe adossé aux lâchetés françaises, un infâme emballé de haut style.

Un mythe, c'est long à se fissurer, long à dénoncer, long à dépiauter, long à agir de manière infernale sur une famille qui, dès lors, a été fâchée avec le réel, désormais impossible à vivre, au point de fabriquer en série des pendus, des cancers prématurés, des suicides au fusil dans la bouche, des petits bourgeois en quête frénétique d'honorabilité.

Ma curiosité opiniâtre et sidérée sera fatale au « mythe Jean Jardin » qui dominait les miens. En publiant en 2012 un petit livre en forme de point final de mes interrogations – Des gens très bien[1] *– j'en libère mes*

1. Grasset.

propres enfants. Le réel leur sera désormais accessible. Un monde plus propre redémarre à partir de nous. Personne chez les Jardin ne sera plus fou ni pendu. Ni un affreux emballé d'honneurs.

Pasteur, Redi et Van Leeuwenhoek, trois découvreurs d'un cadre mental inédit

C'est toujours mon aïeule très à part, Simone Jardin, qui me fit découvrir très jeune ces trois désobéissants. D'instinct, je vous l'ai dit, elle abhorrait les normalisés, comme si les observateurs de doctrines respectées avaient été ses ennemis personnels. Il faut croire que cette répulsion est héréditaire.

En 1668, bien avant que ne s'affirme Pasteur, c'est un très modeste apothicaire italien, Francesco Redi, qui sort l'Homme du cadre scientifique assez débile de l'époque. Sans même s'en rendre compte, Redi définit les bases d'un nouveau référentiel moderne en dynamitant le premier la théorie crétine de la génération spontanée établie par Aristote.

Cette théorie tout de même très courte posait des équations aberrantes du type Nil + soleil = rats, puisqu'on avait observé que le Nil s'évapore sous l'effet du soleil et que des rats apparaissaient dans des trous.

Le très méconnu – sauf par ma grand-mère – Francesco Redi démontre avec une rigueur déjà scientifique que les asticots ne naissent pas seuls dans la viande. Très méthodique, notre apothicaire de la cour des Médicis garnit des fioles de viande fraîche et de poisson. Il en recouvre certaines de gaze, laisse les autres à l'air libre. Quelques jours plus tard, Redi note la présence d'asticots au fond des fioles ouvertes, dans lesquelles des mouches ont pondu des œufs. Il n'y a aucun asticot dans les autres, mais sur la fine gaze qui les recouvre, Redi constate la présence d'œufs minuscules que les mouches ont déposés, excitées par l'odeur de la viande. Sur le plan théorique, Aristote est laminé. La fameuse notion de génération spontanée se révèle ce qu'elle est : une fumisterie séculaire.

Dix ans plus tard, en 1678, Aristote est également enfoncé lorsque le très méconnu Antonie Van Leeuwenhoek, un drapier hollandais bricoleur de génie, pionnier de la démonstration expérimentale, publie le résultat de ses « observations d'animacules minuscules » – pour la plus grande joie de mon aïeule. Il a décelé ces animacules grâce aux microscopes de sa fabrication qui grossissaient jusqu'à deux cents fois. Une virtuosité technique pour l'époque.

Ces deux grands désobéissants, Redi et Van Leeuwenhoek, sont les premiers – dans un XVIIe siècle encore obscur – à découvrir les microbes, sans toutefois parvenir à dynamiter ce corpus très serré de croyances qui imprègne la pseudo-science, la pensée aristotélicienne. Il faudra attendre Pasteur, qui demeure le grand génie occidental, pour la liquider.

En 1862, Louis Pasteur publie à Paris sa fameuse expérience des « ballons à col de cygne ». Quel branle-bas !

Mais son génie éclate plus puissamment encore avec sa découverte de la stérilisation et son invention du premier vaccin qui projette la médecine d'*Homo sapiens* dans un tout autre univers. C'est ce barbu francophone – tenu en grande estime chez les Jardin – qui m'a fait comprendre que l'on peut aller toujours plus loin pour décrypter le monde.

Les grands « repenseurs de cadres » sont-ils derrière nous ? Je ne le crois pas. Bien au contraire. Il y aura toujours d'immenses dégeleurs de certitudes qui, en créant de nouvelles inventions ou en agissant tout autrement, desserreront l'étau des peurs officielles qui régissent provisoirement le monde. Ces soleils de la pensée resteront des pirates empruntant des voies de traverse pour repenser le tout, des découvreurs voués aux gémonies par les institutions qu'ils sapent et renversent.

Pour les repérer, une règle de base : ne jamais s'arrêter à leur apparence. Ces félins commencent par murmurer à l'oreille de l'Histoire avant d'en boucher la perspective.

Ma vie vivifiée

*En bon Jardin, j'ai toujours distingué les êtres qui sortent du cadre (*out of the box*) de ceux qui dessinent un autre cadre (la* box *elle-même). La deuxième ethnie est évidemment la plus rare.*

Un jour que je surveille des enfants en tant que moniteur de colonie de vacances en Suisse, je m'aperçois que chaque soir un petit garçon reste hypnotisé par la présentatrice météo d'une chaîne helvétique, juste avant le JT local. Je discute avec lui et comprends avec stupeur qu'il assiste religieusement à ce rituel télévisuel car il est persuadé que la jeune femme ne prévoit pas le temps qu'il fera le lendemain, mais qu'elle ordonne aux éléments : « Demain il neigera le matin et à midi des éclaircies apparaîtront », etc. Le cerveau de ce petit garçon évolue dans un tout autre cadre que le mien, un cadre magique où il est possible – quand on en a le pouvoir – de donner des ordres au soleil et aux nuages. Au lieu de détromper le gamin, je le félicite d'être le seul du chalet à avoir repéré une aussi grande magicienne. Il me sourit, heureux que j'accepte d'entrer dans son cadre où la journaliste météorologue, sur sa dévote lancée, peut faire se lever le soleil ou le sommer d'aller faire dodo.

Il ne faut jamais décourager un être humain qui a la grâce de s'échapper des références des autres. Dès que nous réintégrons le référentiel du commun, nous mourons un peu. Dès que nous réinventons le monde avec une grâce d'enfant, nous redevenons de grands vivants.

III

Les magiciens du quotidien

Mon père :
vive les panneaux « Autres directions » !

J'ai dix ans. Mon âme est enveloppée de rêves encore inactifs. Un dimanche matin, je rentre avec mon père de notre maison de Seine-et-Marne, département tricolore boudé par le charme. Engagés à vive allure sur l'autoroute, nous longeons des champs pétrolifères. Papa dit le Zubial – car c'était une foutue bête à part – avise un panneau « Autres directions » planté au bord de l'autoroute et me murmure :

– Sandro, et si on allait là ?

– Où ?

– À « Autres directions » ?

– C'est où ?

– Personne ne sait, mon chéri...

Sans attendre ma réaction, mon père donne un coup de volant. Les roues hurlent. Cette scène, je l'ai vécue souvent. Le hasard, généreux, fut toujours excitant, coquin, romanesque, inquiétant, mémorable.

Ce jour-là, nous ondoyons jusqu'à Rome, en nous faufilant à travers l'Italie plein soleil. Mille quatre cent quatre-vingt-seize kilomètres plus tard, nous nous baignons dans la fontaine de Trevi à cinq heures du matin, demi-nus, pris dans l'astre levant qui filtre. Ce voyage impromptu reste mon plus beau « Autres directions ». J'ai sauté l'école et tant appris.

Une autre fois, nous avons fait la connaissance approfondie d'une religieuse exaltée que papa n'a pas été loin de séduire. Ce qui m'a été un peu désagréable. On peut me croire l'esprit large mais j'ai peu de goût pour les bonnes sœurs torrides. Je les préfère enamourées du Christ, entortillées dans cette exclusivité.

Une autre fois encore, nous avons siesté dans une abbaye baroque plantée au milieu des alpages helvétiques, une façade inventée pour l'étonnement. Il faisait beau. Il faisait joyeux.

Dieu que la vie était vaste avec cet homme que rien ne retenait ! Et dire que l'aventure tient à un simple coup de volant...

La prochaine fois que vous apercevrez un panneau « Autres directions », que ferez-vous ?

Ma vie vivifiée

J'ai suivi d'autres panneaux « Autres directions » que ceux que l'on trouve au bord des routes. Les plus intéressants ont été des livres que je n'aurais jamais dû absorber.

Dans une maison amie que possède une avocate ambidextre, macroniste, de gauche et de droite, lesbienne et hétérosexuelle, j'ouvre par hasard le premier volume des mémoires de la maréchale de Lattre de Tassigny[1], *qui accompagna son mari en Afrique du Nord lorsque de Gaulle le pria de créer des écoles d'officiers : il s'agissait d'encadrer les armées de la France qui devaient débarquer en Provence et en Italie en 1944. Je lambine dans des chapitres bien élevés, un peu empesés, et suis soudain bouleversé par un passage vibrant : les de Lattre, encore passablement racistes et antisémites, prennent conscience que les futurs officiers qui vont délivrer le sol métropolitain sont pour une bonne part juifs et arabes ; heurtés par le réel, ils révisent leurs a-priori, s'évadent de leur racisme héréditaire, prennent la liberté de s'actualiser. Dieu qu'ils en deviennent beaux.*

Mon optimisme, je le tiens aussi des livres que mes a-priori rejetaient d'emblée. Ne dites jamais non à un ouvrage de rencontre, à un volume inattendu qui vous veut du bien.

1. *Jean de Lattre, mon mari. 25 septembre 1926-8 mai 1945* (Presses de la Cité).

Luke Rhinehart, l'ami du hasard

Certains auteurs vous sauvent littéralement.

L'hiver 2000, j'ai failli ne pas le franchir.

En plein premier divorce, je me retrouve dans un tel micmac sentimental que toute mon âme est incendiée : mon ex a sauté dans le lit de l'ex de ma nouvelle ; alors que je voulais prendre le large, nous voilà pris dans des couples inversés, avec des enfants croisés qui passent d'une maison à l'autre le week-end. Le syndicat des quittés a décidé de pratiquer l'amour-vengeance jusqu'à ce que je renonce à mon bonheur tout neuf. Et ça marche. À un moment, je souffre tellement que j'envisage de revenir à la case départ, alors que je n'en ai pas envie. Tout vole en éclats. Et un soir, je suis si près du désespoir que la pensée de me foutre en l'air m'écorche. À quoi bon vivre si l'amour est l'occasion du pire ?

Cette nuit-là, je mets la main sur un roman qui m'intriguait mais que je n'avais pas encore ouvert : *The Dice Man*[1] de Luke Rhinehart. Son héros y joue sa vie à coups de dés.

---

1. *L'Homme-dé* (Seuil).

Ce texte très dérangeant me dérange dans mon malheur, au bon moment. Au cœur de l'obscurité affective et spirituelle, je fabrique un dé en papier en pliant une feuille pour lui donner la tournure d'une bombe à eau et je commence, moi aussi, à jouer ma vie avec ce dé improvisé. Pair, je me tue ; impair, je vis. Impair tombe.

Ce récit m'aura sorti de la tentation du suicide. Il m'a moins excité par sa (bonne) facture que par la provocation au vivant très stimulante de l'auteur. Rhinehart y pose une question clé : doit-on raisonner pour conduire notre vie ou faire confiance aux vents fous du hasard ? La logique ordinaire invite à réfléchir à deux fois avant d'arrêter une décision cruciale, mais je me suis aperçu que, sur la durée, le meilleur de ma vie a toujours procédé du hasard le plus charmant – comme cette nuit où j'ai échappé à la mort. Le coup de tête du destin bizarre est sage, l'impromptu parfois génial, et mes raisonnements souvent pauvrets.

Je n'aurais jamais rencontré ma première éditrice, défunte aujourd'hui, si je n'avais pas été ce jour-là au cinéma sur les Champs-Élysées où j'ai croisé dans la queue une âme rare qui la connaissait. Être publié chez Gallimard à vingt ans passait par une file d'attente devant un cinéma.

Pour acquérir notre maison française, ma compagne et moi, nous nous sommes adressés à un agent immobilier qui n'avait rien à vendre et qui nous a finalement cédé sa propre maison !

La première émission de télévision qui a été accordée au jeune écrivain débutant que j'étais, je l'ai due à l'absence d'un invité. Ma carrière s'est envolée ce jour-là.

Le hasard a toujours été aux commandes de mes virages capitaux.

Faire confiance au destin n'est-il finalement pas plus judicieux que d'essayer de glisser dans nos décisions un chouïa de rationalisme ?

Ma propre expérience est limpide : le hasard est notre meilleur allié. Alors pourquoi n'engageons-nous pas le premier venu ? Pourquoi ne tirons-nous pas à pile ou face nos votes ? Ou le choix d'en finir ? Pourquoi sur l'autoroute ne sommes-nous pas plus nombreux à suivre les multiples panneaux « Autres directions » ? Pourquoi refusons-nous à ce point de laisser les aléas du destin nous aider ?

Serons-nous un jour capables de laisser faire totalement l'intelligence de la vie ? En nous engageant dans un quotidien aléatoire ? Sans plus avoir la trouille de rien ?

Le simple fait d'expérimenter son existence plutôt que de la laisser filer est en soi une victoire sur la bêtise. À l'instant où vous achetez des dés pour jouer votre vie, vous êtes déjà victorieux puisque votre sort change en invitant à votre table le merveilleux.

Ma vie vivifiée

C'est avec l'un de mes beaux-pères les plus tendres, Jacques Santi, que j'ai connu à seize ans mon plus féerique soir de Saint-Sylvestre.

Luke Rhinehart

Partis tous deux skier à Chamonix, nous voilà expulsés de notre location le matin de Noël – être dérivant dans sa vie privée, Jacques s'est trompé dans les dates de réservation ! Nous traînons nos valises d'hôtel en hôtel, plus une chambre disponible dans la station. Je m'inquiète, mais Jacques, habitué aux errances fructueuses, m'invite à prendre nos quartiers dans le bar d'un palace cosy. D'un naturel heureux, il nous fait servir un gueuleton délicat. De mine célèbre (Jacques a incarné l'un des grands héros télévisuels d'un feuilleton de mon enfance, Les Chevaliers du ciel*), il est abordé par une serveuse à fort tour de poitrine qui finit par nous glisser qu'une suite pourrait se libérer puisque les clients ne se sont toujours pas présentés. Grâce à Dieu, une avalanche inespérée va leur interdire ce soir-là l'accès à la route qui rejoint Chamonix. Nous échouons dans une suite princière – infiniment plus belle que notre location – qu'on ne paiera pas.* Christmas ! *Le hasard profus est un Père Noël pour les êtres qui savent le solliciter. Un être carré, bardé de certitudes, serait rentré fissa à Paris ; pire, il serait resté bloqué sur la route envahie par l'avalanche… La serveuse a fini sa nuit dans notre suite.*

Pierre-Jean Meurisse : l'or du temps

Une rencontre effervescente m'a récemment ouvert à une pensée enchanteresse : traiter le temps en ami plutôt qu'en ennemi. Mon quotidien s'en est trouvé valdingué.

J'ai découvert cette pensée par un authentique déréglé méridional qui vit en marge des rythmes usuels. Pierre-Jean Meurisse pratique sur les rives de l'Aude une étrange discipline : l'architecture du fur-et-à-mesure. À ne pas confondre avec la classique rénovation, rafraîchissement hâtif d'un bâtiment en panne. Il s'agit ici d'entrer dans une création jubilatoire, un bousculement radical des volumes et une quête du désordre inventif maximal. Cette architecture très singulière, soumise à de brusques accélérations, progresse sans plan ni délai, alors que j'ai toujours été friand d'organisation carrée. Ce qui se produit alors dans une vie soudainement ralentie est… incroyable, irreproductible !

Poète du quotidien, architecte hostile aux architectes et ennemi personnel des insipides, Pierre-Jean m'a été envoyé par le destin un jour d'hiver pour réinventer un logis que je convoitais.

Anormalement épris de ma future femme encore invisible[1], je cherche à l'époque une maison de village à une encablure de la mer Méditerranée. Il nous faut un nid pour notre amour absolu. C'est à lui, Pierre-Jean, et à sa poétique moitié, que je lance « Je cherche une maison pour une femme que je n'ai jamais vue ». Interloqué par notre passion folle qu'il juge encore virtuelle, il me fait visiter une profonde baraque de l'Aude qu'il doit rénover, sorte de bateau ivre rempli de pièces glanées par-ici par-là : escaliers espiègles, fenêtres chefs-d'œuvre, œils-de-bœuf en attente d'usage, fenestroux à enchâsser dans une façade à réinventer, que sais-je encore.

Alors qu'il m'explique son intention de modifier un jour les volumes en créant un jardin d'hiver qui pourrait s'accorder à notre poésie, il joint le geste à la parole en attrapant une masse. Geste fulgurant, d'une énergie démoniaque. Saisi d'inspiration, il défonce le plancher. Surcroît de vie, mêlé de furie créatrice. Bam ! Bam ! Je n'ai encore jamais vu un propriétaire détruire le sol de sa propre maison pour se montrer plus clair. A fortiori lorsque le propriétaire est un architecte qui, normalement, dessine au préalable son intention, la calcule avant de fracasser le sol.

Pierre-Jean, lui, se laisse aspirer par la matière, par les volumes et les rectifie directement à la masse. Sans

1. Le Covid empêchait encore notre rencontre. Le Canada demeurait inaccessible. Nous nous écrivions.

politesse. Il fait à son inspiration un véhicule plus léger que l'autorisation de travaux réglementaire – même s'il s'y plie in fine avec déplaisir.

Sidéré, je l'arrête :

– Je crois que c'est ma maison pour celle que j'aime à la folie.

– Mais elle n'est pas à vendre ! C'est *ma* maison !

– Je ne dis pas qu'elle est à vendre, je dis que j'achète votre histoire.

On se serre la main, entre inventeurs.

Avec cet inspiré suractif, je termine ce jour-là de détruire le plancher à la masse. L'aventure de cette maison-poésie démarre.

Je crois acheter notre nid, je fais en fait l'acquisition d'un art du temps qui va me freiner pendant un an. Un interminable chantier en zigzag dont les travaux ne suivent jamais aucun ordre ni planning.

Pourquoi ? La pensée organique d'un Pierre-Jean, faite d'accélérations et d'atermoiements, est celle qui crée de la poésie architecturale. Elle croit au temps alors que l'époque s'en défie. Elle coïncide avec les rythmes profonds de la vie et de l'imagination. Ce furieux est né pour pousser son cri à son rythme qui n'est pas le mien, non pour remplir des colonnes de chiffres ni faire un usage abusif du papier millimétré. Sa pensée jaillit d'une rencontre inattendue avec trois fenêtres cintrées du XIXe siècle, préalablement chinées à l'aveuglette, que l'on insère incidemment dans des couloirs en perforant un mur. Un peu plus tard, elle le conduit à percer une fenêtre en demi-lune, à trois francs six sous, qui ouvre le regard, au loin, sur une colline surmontée d'une chapelle.

En laissant le temps jouer son rôle d'assembleur d'idées et de matériaux, il me transforme, gomme peu à peu le frénétique en moi. Auprès de ce fanatique d'improvisation, de volte-face et de moments désespérés, éructant, riant, déployant son accent toulousain et citant Saint-Ex à la volée en insultant les inattentifs, je découvre l'intelligence du non-prévu, l'apport du temps gaspillé que l'on se donne pour dilater sa pleine curiosité. Je comprends surtout que l'esprit normé des architectes qui signent des plans rigidifiés est castrateur. Mettre l'imagination fulminante dans la chambre froide d'un permis de construire qui refuse les temps de maturation est le début de l'impoésie. Un sport frigide. Un affadissement de la vie.

L'emplacement exact d'une baignoire voluptueuse n'a de charme grisant que si, allongé dans son bain, on peut contempler par la fenêtre une falaise des Corbières brûlée dans le soleil couchant. Comment l'anticiper si l'on suit en automate un plan géométrique qui, sur le papier, ne voit rien ? C'est sur place, au contact des volumes, que se dessine au fil des hésitations et des hypothèses psalmodiées l'harmonie d'un espace remanié, célébré, pas devant une table à dessin rectiligne.

Le temps est une matière première, un plâtre immatériel merveilleux, de la maçonnerie invisible, du ciment spirituel. Penser différemment l'architecture, en jouisseur amoureux des instants, c'est refuser le principe même des plans qui glacent le temps au lieu de l'aimer.

Les magiciens du quotidien

Adorons le temps comme des fous de vie au lieu de nous en défier. Pourquoi ? Parce que nous ne sommes que du temps.

Ma vie vivifiée

Le 11 janvier 1991 naît mon premier fils, Hugo. Tandis qu'il crie, l'irruption du sublime interrompt l'écoulement des minutes. Pour la première fois, saisi par son arrivée glorieuse, bien qu'il souffre de difficultés respiratoires, je découvre qu'il est possible de vivre en dehors du temps mesurable. Et dans ces heures qui ne défilent plus, je deviens quelqu'un que je ne connais pas, car cette expérience différente du temps rend autre.

Nous ne sommes que du temps qui, au fil des semaines et des mois, change de qualité.

Les *ordinary people* du 11 septembre : fuyons notre zone de confort

Une forme d'élitisme crétin m'a longtemps laissé croire – sans que j'en sois vraiment conscient – que seuls les êtres radicalement singuliers peuvent produire de la pensée différente. Un reste d'arrogance, assez pitoyable, ruinait mon jugement. Et puis, un soir de bonheur, ma Canadienne me chuchote au téléphone :

– Tu connais l'*opération Yellow Ribbon* ?

– Non.

– Ce jour-là, des Canadiens ordinaires, des gens comme toi et moi, sont devenus extraordinaires.

– C'est-à-dire ?

– Ils ont improvisé des solutions *unbelievable.* Leur créativité a sidéré le monde.

– Ruban jaune ?

– Tous ont été obligés de sortir de leur zone de confort. Mon Alexandre, tu as tort de croire qu'il n'y a que les gens exceptionnels qui sont capables du plus surprenant. Dans des *crazy* circonstances, on se dépasse.

Le 11 septembre 2011, les attaques aériennes se succèdent sur New York et sur le Pentagone. George

Bush, esprit assez court, lance alors son stupéfiant mot d'ordre : *Shut down the planes.* Terrorisé, il entend abattre tout avion circulant dans l'espace aérien américain. D'un instant à l'autre donc, le responsable de la Federal Aviation Administration (FAA) américaine doit envisager l'exécution pure et simple de plusieurs dizaines de milliers de citoyens s'il ne trouve pas, au pied levé, une solution opérationnelle. En pratique, *Shut down the planes* relève au mieux de la démence, au pire du crime de masse.

Au cœur de cette crise qui fracasse le bon sens, le patron de la FAA a sur les bras plus de quatre cents Boeing et Airbus qui filent dans le ciel états-unien. Faisant fi de toutes les procédures prévues en cas de crise costaude, le bonhomme tâtonne. Au mépris des règles de sécurité et des lois, il décide la fermeture immédiate de l'espace aérien américain : il convertit le *Shut down the planes* en *Shut down the aerospace.*

Au moment où cet ordre potentiellement assassin fuse dans les airs, des centaines d'appareils commerciaux en provenance d'Europe, d'Asie et de destinations nationales sont en vol, et bon nombre d'entre eux s'approchent de villes très peuplées. À l'instant où il prend sa décision, le chef de la FAA n'a pas la moindre idée de comment s'y prendre pour les faire atterrir ailleurs que dans les grandes villes. Aucune procédure n'est applicable face à un tel bordel systémique. Que faire de ces milliers de voyageurs qui, potentiellement, sont des bombes volantes ? Les abattre tous par mesure de précaution ?

Un héros de la pensée ≠ en fait alors naître des dizaines. Pas le choix.

Deux cent vingt-quatre avions – soit trente-trois mille personnes – sont sommés de filer au nord vers le Canada. Dix-sept aéroports canadiens dont quinze de très petite taille acceptent au pied levé de recevoir ces bolides expulsés par l'Amérique alors que la plupart ne sont pas équipés pour une telle cadence d'atterrissages. Où garer des longs-courriers ? Au sol, ils n'ont aucune capacité d'accueil. En surchauffe, les cerveaux canadiens vont devoir agir autrement ; et ils y parviendront de manière acrobatique. L'incroyable opération *Yellow Ribbon* (Ruban jaune), improvisée par Transports Canada, va gérer au débotté ce déroutage hors toute procédure répertoriée.

Dans le monde hypernormé de l'aviation civile, ces héros ordinaires avancent au jugé. On se met à penser différemment car il le faut. On oriente vaille que vaille les vols vers de toutes petites localités où un avion kamikaze ferait moins de morts. Le guidage se fait à l'ancienne à un rythme délirant, car les réserves de carburant s'épuisent.

C'est ainsi que trente-huit grands avions reçoivent l'ordre d'atterrir près de la petite ville de Gander, dans la province de Terre-Neuve-et-Labrador. Évidemment, rien n'est prêt. L'ordre des atterrissages est pagailleux. Les réservoirs se vident. L'aéroport de Gander est une ancienne escale conçue pour le ravitaillement des vols transatlantiques. Il est constitué d'une base aérienne militaire somnolente, qui sort brusquement de sa torpeur. Les citoyens passent aussitôt à l'action et se préparent dans l'instant à loger, nourrir, vêtir et réconforter près de sept mille passagers en état de choc, des voyageurs d'abord retenus pour raison de sécurité dans les carlingues stationnées comme on a pu. C'est comme si la population de toute une ville était tombée du ciel à Gander ! Des fragiles, des touristes en short en partance pour Hawaï, des femmes très enceintes, des gamins qui turbulent...

Où coucher tout ce beau monde ? Comment adapter le réseau médical dans la minute alors que le monde est pétrifié ? Personne ne sait comment faire face. C'est pour cela que ça fonctionne. L'urgence transcende le fretin des normaux, réveille les somnolents, bloque les freineurs habituels. Tout le monde opère en hors-la-loi avec tant de simplicité et de cœur que, dix ans plus tard, les passagers et les équipages reviendront à Grander dire merci. Car tous ont été heureux de s'en sortir, et de se surpasser autrement.

Ma Canadienne a raison : l'être humain ne mobilise avec frénésie ses vraies ressources que dans ces instants particuliers de mise en danger, d'inconnu, ces trop rares moments où il a la chance de perdre ses repères.

Pourquoi attendons-nous que les feuilles de température de l'époque s'affolent pour devenir, enfin, des êtres extraordinaires ?

L'ordre des choses est un cimetière, un lopin infertile.

Ma vie vivifiée

Étudiant à Sciences Po, j'ai dix-neuf ans et une solide timidité me bride. Des amis ont formé une troupe théâtrale pendant nos vacances, dans la Bretagne fêtarde des fest-noz. J'assiste aux répétitions de Cyrano *quand l'un d'entre eux, qui joue Christian, tombe malade. La tripaille en feu, le pauvre se liquéfie. Au pied levé, on me demande de reprendre son rôle pour ne pas annuler la représentation. Aucun autochtone pour suppléer. Hélas, je connais son texte. Ça me semble* véritablement *impossible, trop distant de l'idée que je me fais de mes capacités.*

Ému par leur détresse, je transgresse finalement ma frousse et m'entends dire oui. Deux heures plus tard, je donne la réplique à Cyrano. Ce soir-là, je comprends que le risque nous rend compétents. J'ai jubilé de jouer un imbécile bellâtre ! Le trac n'a pas eu le dernier mot.

Notre vocation est de faire dérailler notre vie atrophiée par nos croyances. Ne craignons pas le risque vivifiant d'accomplir ce que nous ne savons pas faire. Ayons confiance en notre incompétence créative.

Louis XI
ou l'art de perdre

Orgueilleux, c'est-à-dire stupide, j'ai mis très longtemps à saisir l'intérêt d'échouer. C'est Louis XI qui m'a ouvert les yeux. Au quotidien, perdre est une grande arme.

Où ai-je croisé Louis XI ? Sous le lit d'une fille, une créature que je voulais surprendre. J'avais dix-sept ans et je m'étais glissé sous son sommier en attendant qu'elle débarque. Ce qui tarda beaucoup. Mais où était-elle[1] ? J'eus le temps de lire une bonne partie de la biographie monumentale que Paul Murray Kendall a consacré à ce roi[2]. Un exemplaire traînait là. C'est ainsi que le fils de Charles VII est devenu mon conseiller en défaite intelligente.

Le très malin Louis le Onzième (1423-1483) doit un jour fort difficile de 1475 faire face à l'invasion de son royaume par le très jeune et très gourmand roi d'An-

---

1. J'appris plus tard qu'elle se prélassait dans les bras d'un autre… la garce !

2. *Louis XI.* (Pluriel).

gleterre. Madré, Louis XI ne croit pas aux défaites sur ordonnance ni aux éradicateurs d'espoir, et il sait que l'inquiétude peut corrompre la lucidité. Alors que fait-il sans perdre son sang-froid ? Au lieu de se changer en militant du défaitisme apeuré ou en déserteur de l'Histoire, il rompt vite le ravitaillement de l'armée ennemie et engage une négociation financière avec Édouard IV. Les retirements ne sont pas son style.

Combien l'Anglais exige-t-il pour faire demi-tour à bride abattue ? Telle est la question que Louis XI lui adresse. Édouard IV ne comprend pas. Il est venu prendre possession d'un royaume, pas encaisser de la monnaie. Mais, retors, le Français lui présente tous les avantages d'un casse historique, et tous les désavantages d'une lutte à mort.

Louis poussera son offre jusqu'à soixante-quinze mille écus d'or, auxquels s'additionnent cinq mille écus de pension annuelle versables pendant sept ans, au grand dam de son entourage, scandalisé par cette hémorragie financière. Louis XI s'en explique simplement. Il a tout d'abord évalué le prix de la guerre : à peu près soixante-quinze mille écus pour une année. Il sait que la reprise du commerce lui permettra de récupérer mécaniquement une partie de cette somme. Au-delà, il se battra mordicus et consentira aux hasards de la guerre qu'il redoute. Même si l'invasion d'Édouard IV est mal engagée, les fortes villes françaises lui restent fermées. C'est la raison pour laquelle, prudent, Louis signe avec Édouard le fameux traité de Picquigny. Avec l'idée, pardevers lui, de ne jamais payer la pension qui, en outre, lui laisse un moyen de pression sur l'Anglais – et il en fera usage ! Le frugal et chafouin Louis a flairé qu'un monarque dépensier et glorieux est aisé à corrompre.

Calculer ce qu'il est urgent de perdre est une stratégie hors pair. Par là, Louis évite de relancer la guerre de Cent Ans.

J'ai, moi aussi, signé des traités de Picquigny, souvent dans l'incompréhension de mes proches, mais m'évitant bien des conflits aléatoires et sans fin ! Calculer autrement, c'est sortir de son cœur les imbécillités illusoires, la dictature crétine de son ego, et parier sur la reprise de la vie positive et abondante. Ainsi, la somme exorbitante que j'ai laissée dans mon premier divorce n'a pas été une erreur. Mais je ne l'ai compris qu'aujourd'hui.

J'aime me souvenir que le très malin Louis XI poursuivit de sa vindicte calme ce monarque très anglais qui lui fit mordre la poussière. Corrosif, il augmenta si fortement les dissensions internes de l'Angleterre qu'il lui pourrit la vie. En plus des sommes qu'il économisa en ne payant plus le trésor d'Angleterre.

Ma vie vivifiée

Alors que le légendaire producteur Alain Terzian achevait de boucler le financement de mon film Fanfan, *nous n'avions toujours pas récupéré les droits cinéma de mon roman, encore détenus par les éditions Flammarion. Le propriétaire, Charles-Henri Flammarion, furibard que je rompe avec sa maison d'édition, réclamait à*

Terzian une somme qui excédait de très loin ce que nous avions budgété. Nous avions la contrainte d'une date limite de dépôt de notre dossier au Centre national du cinéma (CNC) pour conserver l'actrice principale, Sophie Marceau. Elle filait ensuite sur un autre tournage, impossible à repousser. Pour céder à ses exigences, j'ai alors dû céder à Flammarion 100 % de mes droits pour pouvoir tourner mon premier film, adapté de mon propre roman.

Folie financière ? L'enjeu n'était pas l'argent, mais de continuer à devenir *en apprenant un art nouveau pour moi, le cinéma.*

Je me revois dans le bureau clair de la secrétaire de Charles-Henri, au premier étage de l'ancien siège des éditions Flammarion, attendre que l'aigreur ait signé, puis filer en scooter déposer les contrats de cession au CNC, une heure avant la limite impartie. J'étais si heureux d'avoir perdu.

Le film fut un joli succès. Aujourd'hui encore, il passe et repasse et hante les rêves des jeunes amants.

IV

Mes films perturbants

Apollo 13 : mettons des carrés dans des ronds

Le film *Apollo 13* de Ron Howard sort en 1995.

Qui me le montre ? Un parfait imbécile dont je tairai les exploits minuscules. Un conformiste absolu, enfin évacué de ma vie, qui ne s'exprime que par proverbes ! « Pierre qui roule n'amasse pas mousse… »

Apollo 13 se présente au départ comme un film américain d'aventures spatiales assez classique et basé sur des faits réels. Le 13 avril 1970 à vingt et une heures sept, l'astronaute Jack Swigert alerte le centre de commande de la NASA : une explosion a détruit un réservoir d'oxygène du vaisseau et endommagé l'autre réservoir, ainsi que certaines des piles à combustible. La situation est diablement critique. Il s'agit d'organiser dare-dare le retour sur Terre des trois naufragés de l'espace.

Hélas, le niveau d'oxygène du dernier réservoir descend vite. Les trois astronautes se précipitent alors dans le LEM. Mais ses réserves d'oxygène et d'eau permettent à deux personnes de tenir quarante-huit heures. On calcule qu'il faudrait une centaine d'heures pour rentrer sur Terre. Manquent cinquante-deux heures d'oxygène. Le guidage au sol, à Houston, demande donc aux astronautes de concevoir sans délai un système en récupérant les filtres du module de commande pour les placer dans le LEM. Problème : les deux modules n'ont pas été construits par le même fabricant ! Les filtres ne sont pas compatibles. En clair, il faut insérer un carré dans un rond.

Le film change alors de nature. On glisse du film d'aventures de bonne facture au cinéma d'auteur inspiré et inspirant, d'Hollywood à la pensée différente à son pic.

Au sol, le directeur de vol, le très génial Gene Kranz, exige de toute urgence de connaître tous les éléments dont disposent les astronautes dans leur vaisseau (paire de ciseaux, canif, rouleau de scotch, etc.), puis somme les équipes de la NASA d'inventer au pied levé une procédure reproductible là-haut par les astronautes.

Personne à la NASA n'a été formé au bricolage créatif. Dos au mur, les savants redeviennent des gosses. Avec des ciseaux à bout rond et un canif, pour réparer un fleuron de la technologie sophistiquée. Plus personne ne peut s'abriter derrière la procédure. Les méthodiques s'improvisent trapézistes. Le personnage de Kranz incarne l'énergie de ce sursaut créatif *out of the box*.

C'est à Houston, en toute hâte, que le système est conçu à partir des objets disponibles dans le vaisseau en quasi-perdition. À charge pour les astronautes de reproduire dans l'espace ce qui aura été bidouillé au sol. Et ça fonctionne ! Kranz gagne et se hisse avec son équipe au rang de héros grec. Ils ont réussi à « faire entrer une pointe carrée dans un trou rond » !

Au moment où le niveau d'oxygène commence à remonter dans le LEM, je hurle de bonheur ! Tout est donc possible si l'on fait confiance au non-savoir qui bride les hommes, si on est assez libre et confiant pour leur demander de réfléchir comme des gamins.

Ma vie vivifiée

En juin 1980, alors que je veillais mon père mourant, ma mère, épuisée, s'est trompée en indiquant son propre rhésus et non celui de papa au médecin traitant pour lui administrer une transfusion sanguine à la maison. Un infirmier a mis tout en marche et est sorti avec ma mère qui devait aller chercher des médicaments à la pharmacie. J'avais quinze brèves années. Nous étions tous les deux dans l'appartement. Et soudain, j'ai vu mon père, criblé de métastases, faire des bonds dans le lit, comme si on le frappait de l'intérieur. Jetant un œil hagard à la poche de sang, il a compris qu'on ne lui injectait pas le bon groupe sanguin. Dans un cri, il a arraché la perfusion. Le mauvais sang a giclé partout. J'ai appelé son médecin qui, par miracle, a répondu. Écoutant au téléphone la procédure qu'il m'ordonnait de suivre, j'ai rétabli la situation alors que je n'ai été ni infirmier ni médecin, et qu'il n'y avait pas le matériel requis. Je n'avais que quinze ans. Jamais je n'ai eu autant le sentiment de bricoler dans l'urgence en faisant usage du pauvre matériel médical que nous avions sous la main. Le sparadrap Micropore fut d'un grand secours. L'aiguille se trouvait encore fichée dans son bras. J'ai sauvé papa.

Ce jour-là, j'ai appris qu'il existe toujours une solution disponible, même dans l'urgence la plus vitale, si on ne renonce pas à bidouiller le réel en faisant différemment. Nous pouvons alors héroïser notre destin.

La Ruée vers l'or : la vie ordinaire rendue extraordinaire

J'ai quatorze ans.

Mon cœur bat au bord du lac Léman, dans les couleurs bleutées du canton de Vaud. Mal à l'aise avec les ajustés aux normes sociales qui déjà m'ennuient, je me suis réfugié chez ma grand-mère. Cette femme, on le sait, est un esprit décalé. À travers elle, je respire la présence radioactive de mon père. Comme lui, elle a toujours fait sécession avec les prévisibles. Calée dans ses coussins, je vois qu'elle craint toujours un excès de hâte. J'aime ses mains douces qui sont le feuillage de ses gestes. Tout chez ce dinosaure au grand air me rassure : ses mœurs alimentaires décalibrées, l'onctueux de sa maison helvétique, son absence absolue et tonique de sens moral, les impatiences de son cœur, la femelle en elle toujours aux aguets qui considère qu'une femme mariée reste « fondamentalement ouverte » – à tout âge.

Sidéré, je suis planté devant la grande télévision de cette voisine du grand Charlie Chaplin. Notre défunt voisin apparaît en noir et blanc, attifé en Charlot. Je reste béat. Sur une musique allègre, le voilà qui roule des yeux enchâssés dans des orbites trop maquillées. Face caméra, Charlot improvise une chorégraphie hilarante en utilisant deux pains et deux fourchettes en guise de jambes.

Avec moins que rien, cet archange muni d'une canne fait du plus que tout, de la grâce, un poème mobile. Il projette son talent dans une danse où la drôlerie le dispute à l'élégance pure. Plein écran, ce vagabond nous dit que l'on peut danser avec le réel ordinaire.

J'en reste vivant. Percuté.

Je me sens son ami, son élève.

Charlot m'invite à injecter de la poésie dans mes actes les plus anodins. Au creux de sa soupente de guingois, il me crie que point n'est besoin de convoquer le Bolchoï pour débusquer la danse la plus aérienne. La grâce est disponible dans du trois-fois-rien. Elle gît dans l'ordinaire des jours de misère. Souriant, espiègle, il hurle que la fantaisie peut avoir le dernier mot.

Ce jour-là, je reçois une claque.

Ma grand-mère surprend mon émotion et, rassérénée que j'aie « compris » l'âme de Chaplin, se met elle aussi à faire danser ses aiguilles à tricoter. Nous rions en connivence. Le velouté de sa prunelle me touche. Swinguant aux côtés de mon aïeule frivoleuse, j'apprends que le monde dit « normal » ne l'est pas.

La Ruée vers l'or

Ma vie vivifiée

Lorsque j'embrasse le soir ma grand-mère, elle me prie à chaque fois de laisser sa fenêtre ouverte :

– Au cas où un cambrioleur sexy surgirait pour me faire l'amour. Sait-on jamais ?

– On n'est jamais trop imprudent.

– L'amour inattendu est le seul qui vaille…

En toute saison, j'ouvre grande sa fenêtre sur l'obscurité suisse dont elle fait un départ d'érotisme imaginaire. En digne Jardin, elle est prête à appareiller pour un sommeil fabuleux, traversé de frissons inespérés. La brave et sage fenêtre helvétique devient support de vertige, tremplin vers l'ivresse nocturne.

Jusqu'à sa fin, je verrai ma grand-mère penser bizarrement, détourner les objets du quotidien.

Cuisinant tout, vorace du vivant, elle regarde ses chiens dodus comme de futures terrines de fox-terrier ou de lévrier. Pour préparer d'excellents pâtés, elle n'attend que leur décès. En bonne ménagère haïssant le gaspillage, elle n'hésite pas à faire bouillir les mauvais romans pour en tirer de la pâte à papier afin de faire faire des blocs de papier neuf pour lettres d'amour à venir. Convertir de la mauvaise prose en paroles divines l'exalte. Je l'ai souvent vue transformer avec fièvre les objets les plus étranges en stylos : bijoux, poires à lavements, pipes à opium, revolvers féminins, bibelot russe, poivrier serbe, godemichet afghan, sécateur suisse, etc., au motif que tout peut devenir écriture.

Mes films perturbants

Nous possédons tous une pièce d'identité. Ma grand-mère s'y refuse, et ne plaisante pas sur ce chapitre qui la place dans un litige permanent avec les autorités casse-pieds. Sa motivation lui semble supérieure à toute loi votée par des députés ventrus.

– Je sais qui je suis ! glapit-elle, campée sur ses coussins, l'œil péremptoire.

– Peut-être, mais à la douane française on peut te réclamer un passeport.

– Je suis contre.

– Mais enfin, tu n'as pas à être pour ou contre ! On a tous des papiers d'identité, c'est tout. C'est comme ça.

– Pas moi ! Je suis contre !

– À la douane, le flic s'en fichera.

– Pourquoi aurait-il plus confiance en un bout de papier qu'en moi ?

Son superbe « Je sais qui je suis » a retenti dans mon enfance comme une déclaration de guerre adressée aux puissances normalisatrices du monde.

N'avait-elle pas raison ? Ne devons-nous pas savoir et clamer qui nous sommes ? Sans laisser quiconque nous définir et, surtout, nous étroitiser ?

Je lui dois ma méfiance instinctive face aux cadrants vicieux de tous poils, mon allergie aux embobinés par la légalité excessive et ma vindicte tenace contre les émetteurs de règles qui rabotent la joie. Je les tiens pour de francs scélérats, des saboteurs de jouissance.

Zelig : la possibilité de s'échapper de soi

1983. Je suis malheureux depuis trois ans. Papa est mort en juillet 1980. Son décès a évaporé de ma vie les enchanteurs cinglés qu'il traînait derrière lui. Tous ces gens qui ensorcelaient mon quotidien. Je me sens devenir normal, cerné par les gris. En première année à Sciences Po, je me heurte à des « maîtres de conf » qui tentent de m'inculquer les a-priori de leur pensée administrative, les bases de leur étroitesse chic de crânes d'œuf.

Tendu, je me plonge à l'époque dans la lecture des *Mémoires de guerre* de Churchill[1] – fasciné par sa manière de défoncer le cadre mental de son état-major rigidifié à Sandhurst, l'Académie royale militaire – et, un mercredi, je file ventre à terre voir seul un film que l'on dit hors normes du très anormal Woody Allen : *Zelig*. Je passe d'un excentrique à cigare à un excentrique filmique. J'adore visionner en solo les films perturbants, pour mieux les méditer. Ce film-astre est peut-être l'un des plus inspirants. D'emblée, je jubile.

1. Tallandier.

Mais à la première séance dans un cinéma usé des Champs-Élysées, je crois un peu sottement découvrir un habile divertissement. Tout de même perplexe devant le générique de fin, je reste dans la salle, resquille et scrute ce long-métrage quatre fois d'affilée, sans sortir de ce monde magique. Très vite, je sens que cet ovni filmique est à part dans la carrière de l'inclassable Woody, ce poisson de haute mer souvent canardé par des pêcheurs du dimanche.

La forme même est impensable, givrée, n'a jamais été pensée auparavant par le commun de l'industrie cinématographique. Woody Allen hurle pendant une heure et vingt minutes féeriques et hilarantes que le cinéma – et la vie elle-même – reste à inventer, que l'art demeure une épopée barjo, une contestation du connu. L'enchantement rare que procure ce faux documentaire est souverain. Le travail sur les images d'archives est proprement démentiel (que ce soit pour incruster Woody Allen, tel un hologramme réel, dans des bandes d'actualités des années 1920 ou 1930 ou pour en créer de nouvelles), les trucages et les maquillages virtuoses. La forme documenteuse devient soudain jouissive. Woody remachine le réel et nous braille que la réalité et la fiction n'ont pas à être scindées. On ne peut que se prendre à son jeu fou et se régaler des vraies-fausses interventions de personnalités solaires comme Susan Sontag, Saul Bellow ou le grand psy Bruno Bettelheim.

Ces séances me métamorphosent. Zelig change, moi aussi. Mais en sens inverse.

Cet homme-caméléon épouse maladivement l'apparence et les pensées des zozos qui le cernent. Dénué de la moindre personnalité, Zelig n'est singulier que parce qu'il renonce totalement à l'être. Figure neutre jusqu'au délire, il est celui dans lequel chacun peut projeter, déverser, agrandir ses ambitions et ses émotions. C'est un caractère résolument vide, une béance qui ouvre sur un extraordinaire champ des possibles pour l'humanité.

Zelig est le conformisme porté à son firmament. Mais son talent pour épouser la majorité, pour s'y diluer, ne le protège pas des humeurs carnassières de la foule. Zelig a beau s'évertuer à être aimé, son destin l'amène à enfiler le costume d'un héros national un jour et d'un fugitif traqué le lendemain.

Sa faculté phénoménale de mimétisme me donne soudainement envie de rompre avec l'intégralité de mes mimétismes piteux, de me vacciner contre la dinguerie malsaine d'appartenir aux autres. Aucune œuvre d'art ne m'a persuadé à ce degré de ne plus jamais me fondre dans le film social qu'on tolère, de ne plus me faire avoir par mon imbécile et tenace besoin d'affection, de reconnaissance.

Vivre dans la pensée différente suppose de moins fréquenter les normalisants, les limitants à gifler et les bornants à congédier.

Ma vie vivifiée

Momentanément vidangé de mes vieux conformismes par le film de Woody Allen (que j'ai souvent revu et médité), je joue parfois à être Zelig. Pour de vrai. Son héros protéiforme m'inspire, me libère. Cet exercice est pour moi comme une méditation vivifiante, une échappée hors de mon pauvre moi, une dissolution apaisante de mon ego.

Je me place en face de la personne que je souhaite zeliguiser. Je respire au même rythme qu'elle, j'enregistre ses tics de langage que je recycle, je reproduis ses gestes, ses clignements d'yeux. Je deviens autre.

La dernière fois, à Toulon, dans un bar du port, j'ai fait parler sans retenue un militant d'extrême droite sacrément punchy, hirsute de rage héréditaire mal contenue. Et je suis entré dans le point de vue fermenté d'un pied-noir digne dont la famille fut chassée à coups de pierres d'Algérie dans des conditions franchement effroyables. Renonçant à contrer ses mots coupants, ce qui me chatouillait, j'ai été pleinement mon adversaire politique, j'ai laissé infuser en moi sa haine indigérée par les siens. J'ai repris ses mots colères et ses respirations hachées, voyagé au bout de ses mots de feu, de sa nuit familiale. J'ai habité l'espace d'une heure sa rage indéracinable, la sincérité de sa fureur, le sentiment trop légitime d'injustice qui fut celui de toute une communauté trahie, bafouée, maltraitée par la France des années 1960 en quête de prospérité et de machines à laver. Jamais plus je ne parlerai à la légère de son racisme urticant. Je sais son inhumanité terriblement humaine, l'émotion viscérale de son œil pour œil, j'ai eu, le temps de cette rencontre, le privilège de ne plus être enfermé dans ma seule conception du monde de bourgeois parisien.

Shoah : le film qui autorise à tout penser

Quand *Shoah* sort, en 1985, je souffre atrocement à l'insu des miens. À force de lectures savantes et de contre-lectures, j'ai fini par mesurer les responsabilités effroyables de mon grand-père collabo. Je ne comprends pas que son action à Vichy en 1942-1943, à la tête du cabinet Laval, ne soit toujours pas pensé par ma famille. Ce silence retentissant devant l'évidence me donne une sensation de folie qui m'asphyxie. Je n'ose en parler à personne, pas même à ma première femme, tellement j'ai honte des faits ainsi que du mutisme des miens.

Shoah, le film monstre, sort à Paris.

Shoah ou l'art de montrer l'invisible dans un format dément : près de dix heures de projection ! Claude Lanzmann, l'écrivain-réalisateur, renomme l'innommable avec une intransigeance sidérante. Sans épargner son spectateur, il donne à voir l'extermination des Juifs d'Europe sans convoquer aucune image d'archives. Lanzmann n'use que de témoignages de rescapés, de contemporains ou de criminels. On subit frontalement la présence de six nazis décomplexés. Trois ont été filmés à leur insu.

Lanzmann veut les montrer de face, faire entendre leurs mots. Je comprends alors que c'est dans les mots ordinaires que se trouve la vérité. Lanzmann révèle qu'il a dû payer copieusement les témoins allemands, pas loquaces sans biftons. Cette obscénité n'en est plus une quand il s'agit d'éclairer l'invisible. Lanzmann se permet tout pour défoncer les blindages : « J'ai piégé beaucoup de monde, à commencer par la bureaucratie communiste polonaise pour obtenir la possibilité de tourner librement en Pologne. J'ai piégé des nazis, j'ai eu un faux nom, des faux papiers, et je n'ai reculé devant rien pour percer la muraille d'ignorance et de silence qui enfermait alors la Shoah. »

La disproportion du film avec les autres productions contribue à montrer l'inimaginable, le gigantisme de l'horreur. L'enquête préalable a duré quatre années pleines et pérégriné dans quatorze pays. Le tournage de trois cent cinquante heures s'est étiré entre 1976 et 1981 sur les lieux mêmes de la mise à mort des familles. Le film a demandé douze ans de sueur et de courage (1973-1985) pour devenir un chef-d'œuvre de l'impensable. Même la manière de nommer ce très long-métrage tient de l'épopée philosophique. Le réalisateur s'épanche : « Par-devers moi et comme en secret, je disais "la Chose". C'était une façon de nommer l'innommable. Comment aurait-il pu y avoir un nom pour ce qui était absolument sans précédent dans l'histoire des hommes ? Si j'avais pu ne pas nommer mon film, je l'aurais fait. Le mot "Shoah" se révéla à moi une nuit comme une évidence, parce que, n'entendant pas l'hébreu, je n'en comprenais pas le sens, ce qui était encore une façon de ne pas nommer. »

Minute après minute, saisi devant l'écran-vérité, j'apprends que l'on peut tout dire sans rien montrer, que l'indicible n'existe plus, que l'œil peut tout regarder sans obscénité ni irrespect, que le temps n'existe plus quand on se mêle de bavarder avec l'essentiel, que jamais les normes commerciales n'auront raison de la soif de l'Homme de crier ce qui est tu, que l'on peut parler au monde dans n'importe quelle langue et que la seule folie d'un être différent peut exprimer un événement différent.

En quittant mon premier visionnage complet, je me dis : « Si le cinéma peut aller jusque-là, tout sur cette terre peut être repensé. Tout. *Shoah* est une autorisation. » Sur les grands sujets, la défausse n'est plus possible.

Ce film énigmatique est peut-être l'un de mes maîtres à penser l'impensable. Il m'a délivré.

Je rends grâce à la très regrettée Mado, mère maquerelle au grand cœur, qui me le projeta dans son bordel parisien protégé par des flics de renom. Mado était une intime de mon père et des hommes de ma mère. Elle possédait alors une salle de projection pour films cochons dont nous avons fait un usage différent ce soir-là. Mado voulait que le petit-fils de collabo que je suis voie bien en face ce que les miens taisaient.

Shoah

Ma vie vivifiée

Un soir d'automne 2012, je reçois un coup de fil vif de Claude Lanzmann, que je ne connais pas. D'une voix rocailleuse et gourmande qui sent la bourlingue, il évoque illico mon livre Des gens très bien, *que j'ai consacré à mon grand-père collabo. Il vient de lire mes questionnements, de naviguer dans mes effrois de Jardin au sang sali. D'emblée, son déboulé brusque, drôle et rudoyant me plaît.*

– C'est bien ton livre… vraiment bien. Tout le monde t'emmerde ? C'est bien ça, on t'emmerde ?

– Oui.

– C'est bon signe. Qui t'emmerde ?

Je lui raconte le feu nourri de critiques que je reçois dans la presse parisienne, une mitraille assez odieuse. Pour ne pas dire honteuse. Je lui confie ma difficulté à publier des droits de réponse dans la presse tricolore, mon désarroi d'avoir dû me tourner vers The Guardian, *à Londres. Lanzmann me félicite pour chacune des critiques essuyées, chacune des injures reçues.*

Ce coup de fil tardif, je l'ai reçu comme une Légion d'honneur. Dieu que j'aime les grands vivants, les albatros qui bousculent le fretin timoré, les décadrés de haut style. Leur sillage oxygène. Leur liberté débrayée invite à l'audace régénérante.

V

Mes penseurs

Le *Tchouang-tseu* revisité par Romain Graziani

J'ai si longtemps souffert de ne pas réussir à aimer comme dans mes romans. Obliger mon cœur à la grandeur ne marchait pas. L'impératif n'avait pas de prise sur le format de mes sentiments ni sur mon désir intermittent. J'étais condamné à pondre des livres où les émois décrits étaient plus vastes que ceux que je vivais moi-même.

Je me décevais affreusement.

Ma médiocrité sentimentale me souillait.

Sottement, j'étais alors convaincu que la volonté était une qualité cardinale, sans même deviner qu'elle empêche d'atteindre les états les plus désirables : l'état d'apesanteur amoureux, l'envie folle de danser ou de chanter avec joie, la plénitude, l'émoi poétique, tout ce qui enchante l'âme et se dérobe à notre cœur si on emploie l'impératif.

C'est un livre très puissant et hélas peu connu du très fin Romain Graziani, *L'Usage du vide*[1], qui m'a le

1. Paru chez Gallimard en 2019 dans l'excellente « Bibliothèque des Idées ».

plus appris sur l'art de ne pas vouloir ce que je désire pour l'atteindre. Graziani m'a initié à cette pensée à part de l'Occident, essentielle : l'« involonté puissante ». Cet intellectuel parisien, connaisseur des arcanes de la pensée chinoise classique, m'a éclairé sur les méfaits de la volonté surmenée en dénonçant l'évidente toxicité du surcroît de réflexion et la bêtise de l'excès de vouloir.

Son ouvrage ne m'a pas été recommandé par un terroriste emprisonné, une tenancière de bordel ou un acrobate de renom. Non, celui-là je l'ai simplement acheté dans une librairie où j'étais entré pour me procurer une BD violente. Les librairies sont d'étonnantes machines à découvrir autre chose que ce qu'on y recherche.

Ce texte bref et dense de Graziani est capital. Surtout dans une culture occidentale qui survalorise l'effort-roi et ignore à peu près tout de la pensée taoïste exprimée dans un livre aussi majeur que le *Tchouang-tseu*, texte-phare qui prête son souffle à Graziani. Ils invitent tous deux à l'involonté active pour atteindre les états hautement désirables que l'intervention de la volonté place en déroute. La gaieté contagieuse, le bien-être, le ravissement sentimental ou poétique, l'hilarité, le bonheur ou le tir à l'arc virtuose ne peuvent gagner la partie si notre volonté exige de piloter.

À le lire, j'ai enfin saisi combien les obstacles créés par la conscience volontaire s'opposent à la réalisation de ce qu'il nomme des « états optimaux ». Ils sont presque insurmontables. On ne peut s'obliger à s'endormir en paix ou s'ordonner d'être joyeux en amour. Il invite au repos fécond, au silence de l'intellect efficace, à la dé-réflexion performante, au non-agir finement dirigé, au non-travail apparent, à la non-recherche qui trouve, aux vacances des forces conscientes et au respect des forces spontanées, bref au génial creux de l'esprit. Retrait qui crée une tout autre énergie méconnue en Occident.

Quand je relis le texte de Graziani qui incite à fabriquer du vide en soi, un vide d'où tout jaillit, je me sens en accord avec les forces secrètes de la vie, étrangères à ce qu'on apprend sur les bancs européens.

La vie m'a offert de rencontrer une quasi-disciple de Graziani. Ma Canadienne fait une vraie distinction entre le verbe *to choose*, « choisir » au sens de s'ouvrir à une certaine manière d'être propice à obtenir ce que l'on désire, et le verbe *to want*, « vouloir » directement, qui tient de l'ordre brutal créant de l'amertume s'il n'est pas satisfait. Quand elle écrit : « *I choose a life that is...*, « Je choisis une vie qui... », elle n'écrit pas : *I want a life that is...*, « Je veux une vie qui... » Elle énonce simplement qu'elle se jette dans une direction heureuse sans rien exiger de la vie afin que tout soit donné et se fasse.

Grâce à Graziani, sur le chemin de l'involonté active, j'aime enfin comme dans mes livres. Il m'arrive souvent de m'échapper de tout raisonnement, en achetant par exemple une maison alors que je n'en ai pas les moyens, ou en me lançant dans des croisades civiques sans jamais me poser la question des ressources.

À trop réfléchir, les choses ne se font pas.

Emmuré dans d'excessives prudences trop méditées, de Gaulle se serait-il jeté dans l'aventure de la France libre ? Lech Walesa aurait-il créé Solidarnosc pour défier la puissance du communisme d'État ? Mao aurait-il initié sa Grande Marche ?

Certains actes majeurs requièrent une solide dose d'absence de pensée et une totale confiance dans la vie elle-même. Ne pas vouloir permet de laisser agir le vivant.

Ma vie vivifiée

Avec ma chérie si confiante dans les ressources de la vie, nous brusquons rarement nos décisions. Nous nous amusons à attendre que le destin, en bricoleur espiègle, assemble des solutions inespérées, drolatiques, parfois exquises, pour organiser notre vie transatlantique. Et il y pourvoit avec une inventivité délicieuse en coordonnant nos urgences avec tact !

Marc-Alain Ouaknin, le rieur qui n'aimait que les questions

À l'âge de vingt-cinq ans, j'ai eu le sentiment horrible d'être déjà mort, dans la répétition de mon être. De tourner en rond. Dans la vie en général, dans mes amours, dans mes espérances. Le rabbin Marc-Alain Ouaknin m'a enseigné le respect du point d'interrogation. Par lui, je ne suis plus qu'une naissance. Désossifié, j'ai cessé de mourir prématurément.

Et pourtant, j'avais déjà beaucoup sniffé l'encre d'auteurs non académiques, cabriolé là où je n'aurais pas dû crapahuter en m'appropriant les ressorts mentaux des dévieurs de civilisation. Mais Ouaknin m'a fait comprendre autre chose. Il m'a permis de saisir l'importance vitale du questionnement perpétuel.

Dans les débuts de ma trentaine, bien que goy (non juif), j'ai la chance insigne et l'honneur de découvrir le Talmud à travers le rire de ce rabbin. La source majeure à mes yeux de la pensée qui se conteste elle-même sans répit. Un flux constant qui, de ce fait, échappe à toute coagulation. Cette discipline multiséculaire s'est fixé un objectif à la fois exquis, vivifiant et révolutionnaire :

fabriquer des hommes et des femmes allégés par des questions et non des femmes et des hommes alourdis de réponses.

C'est sans doute l'existence du Talmud – ce kérosène mental bio – qui explique pourquoi une nation-confetti comme Israël tient le coup dans un océan musulman. C'est également le Talmud qui explique en grande partie l'ahurissante proportion de prix Nobel juifs[1].

Les enfants du Talmud boivent une authentique potion magique qui prédispose à la pensée ≠, à la fringale d'innovation perpétuelle, au festin d'interrogations. Une sorte de vaccin contre la connerie endémique, professorale.

Derrière le Talmud, il y a bien sûr l'idée qu'on n'est pas juif parce qu'on a la foi, on est juif si on étudie. Il faut marner sur des vieux volumes, faire chauffer ses neurones à blanc, se frotter sans cesse à une gamberge intranquille. Cette minuscule communauté humaine est la seule qui sait lire depuis la haute Antiquité. Depuis trois mille ans, le judaïsme enrichit ses enfants de mots nouveaux et de questions sans fin.

Il y a un quart de siècle, le photographe Antoine Schneck, un ami d'enfance épris de peuples d'Afrique qu'il photographie dans des boîtes noires, me signale

1. Même s'il est de bon ton de considérer que l'engagement massif des immigrants juifs en Amérique dans les sciences après la Seconde Guerre mondiale a été décisive. En vérité, ce n'est là que l'origine technique de ce phénomène. La tournure d'esprit qui naît du Talmud en est l'origine réelle.

qu'un rabbin atypique – Marc-Alain Ouaknin – se livre dans sa synagogue parisienne, celle de Copernic, à un exercice talmudique sur l'un de mes romans[1]. Il me convie le vendredi suivant à la synagogue pour y assister en me prévenant :

– Il est hilarant !

Je m'y rends escorté d'Antoine qui jamais n'a eu une pensée attendue. Un barbichu au visage réjoui, joufflu de savoir et pétillant de malice, monte en chaire. Un homme qui a un agrément de conversation que nul ne possède comme lui. Pendant deux heures, Marc-Alain Ouaknin se livre à un exercice quasi fou. Il s'interroge sur des phrases de mon livre en ne répondant que par des questions qui ouvrent sur d'autres questions. Et ainsi de suite. Sans cesser de rire, nous interdisant ainsi de prendre nos pensées trop au sérieux.

J'en reste baba, l'esprit tourneboulé. Je viens d'abolir tous mes réflexes intellectuels. Jamais je n'ai vécu une telle tempête cérébrale, pareil tourbillon de fous rires et d'allégresse réflexive. J'ai l'impression qu'on vient de décoincer mon muscle mental, comme si un ostéopathe de la gamberge avait réaligné toutes mes vertèbres psychologiques. Et ce après deux heures d'insécurité intellectuelle, de sables mouvants spirituels, de haute voltige durant lesquelles j'ai dû renoncer à ma plus vieille habitude : répondre à une question par une réponse. Habitude perverse qui calme nos peurs.

Et ce soir-là, je découvre que mon livre recèle bien

1. *Le Petit Sauvage* (Folio).

plus de tonus que ce que j'y ai mis et qu'il allume, entre les lignes, des horizons illimités.

Le Talmud me fait aussitôt follement aimer la formule du grand Rabbi Nahman de Braslav qui, au XVIIIe siècle, répétait : « Il est interdit d'être vieux. » Le lendemain, j'achète tous les livres ruisselants de vie de Marc-Alain Ouaknin[1]. Ses ouvrages me rendent à mes questionnements d'enfant. Ils m'extirpent de mes ornières idéologiques ou religieuses, effondrent mes murailles de certitudes ! Et surtout me font rire. Je découvre alors la réflexion désérieusée, la joie délurée qui oxygène l'âme et enraye le vieillissement de la pensée. L'Homme qui se poile plusieurs fois par jour échappe au gâtisme prématuré de l'esprit.

C'est pour cela que je raffole de l'humour juif, cet exercice d'éternelle jeunesse. Cette rigolade ordonnée se termine toujours par une surprise qui ouvre le champ des possibles, alors que l'humour antisémite fait l'inverse : malveillant, il enferme dans une identité caricaturée au lieu d'agrandir cette identité avec légèreté. Ouaknin est limpide : « Dans le judaïsme est pur tout ce qui a trait à la générosité pour l'autre, est impur tout ce qui est en rapport avec l'enfermement sur soi et la mort[2]. »

Ce rieur professionnel a fait de son enseignement un permanent moment de drôlerie car il sait que l'Homme qui rit reste disposé à accueillir de la pensée différente, de la pensée-flux, de la pensée non sédimentée. Ouaknin est d'ailleurs l'auteur réjoui de la fameuse *Bible de l'humour*

1. Avec une préférence pour *Lire aux éclats* (Points).
2. Propos recueillis par Pascale Senk.

juif[1], dont il faut lire et relire la géniale préface consacrée aux bienfaits du rire dans la réflexion.

Au fil de sa *Bible* du fou rire, Ouaknin raconte que trois mères juives sont réunies pour siroter un thé. « Mon fils, dit la première, mon fils est tellement riche qu'il pourrait acheter tout un quartier de Paris… Que dis-je un quartier ? Il pourrait acheter tout Paris !

– Pfff ! dénigre la deuxième, Paris, ce n'est rien en regard de ce que mon fils à moi peut acheter ! Il est tellement riche, mon fils, qu'il pourrait acheter un quartier de New York… Que dis-je un quartier ? Il pourrait acheter tout New York !

– Vous parlez, vous parlez, intervient la troisième. Mais qui vous a dit que mon fils il voulait vendre ? »

Regardez en couple les films régénérants des Marx Brothers. L'humour non goy y éclate de santé. L'absurdité y est traitée en reine, la folie avec respect, le délire avec vénération. On en ressort désérieusé, en délicatesse avec la logique empesée. Chacun des mots de ces baladins américains dérange la pensée : « Je vous céderais bien ma place, mais elle est déjà occupée. »

Ma vie vivifiée

À vingt-six ans, après m'être empaillé six années durant dans un rôle d'écrivain fêté (j'avais tant besoin de repères), j'ai appris la profession de metteur en scène

1. Michel Lafon.

de cinéma. Quelques années plus tard, j'y ai ajouté celle d'entrepreneur social engagé.

J'ai recommencé à naître au grand dam d'une part de mon entourage épris de « stabilité » : « Quel besoin as-tu donc, Alexandre, de produire autre chose que de la littérature ? » Je désirais me déchloroformer, réveiller mon âme figée par l'imbécile succès (qui fait de vous un être tenté par la répétition de votre « recette ») et me donner la chance d'être un pur mouvement. Renoncer à un morceau de soi, c'est se tuer prématurément.

Edward de Bono, le penseur qui ne répondait jamais oui ou non

Cette trouille de l'enlisement, je l'ai dès l'âge de dix-sept ans. Exporté à Cantorbéry pour remédier à mes lacunes en grammaire anglaise, j'y vais avec un camarade de classe. Pascal (Guénée) vit déjà en marge des raisonnements prévisibles. Rien d'ennuyeux ne se calcifie sur lui. Il sera plus tard le premier président fondateur de l'association Lire et Faire lire, dont je reparlerai.

Alors que nous déchiffrons encore mal la langue de George Bernard Shaw, je repère sur la table de nuit de Pascal un bouquin déjà usé au titre étrange : *The Use of Lateral Thinking* d'Edward de Bono[1].

– C'est quoi ?

– Un livre barré, me rétorque Pascal. Un méthodique audacieux.

– Différent ?

– Bono te fait multiplier les points de vue sur une situation, quitter l'angle de vue qui t'emprisonne et te bloque.

---

1. Penguin Books.

– Difficile ?

– Pour un gars dans les clous comme toi, oui ! plaisante-t-il.

– C'est applicable ?

– Si je l'applique à la lettre, je devrais réussir à choper ta petite amie flamande ! Alors que sur le papier, c'est pas gagné…

Je lui dérobe aussitôt son mince volume et découvre le soir même ce singulier penseur maltais.

Il me provoque frontalement, tente de m'arracher à la crétinerie de ce qu'il nomme la « pensée verticale », faite de raisonnements où chaque étape, comme lorsqu'on grimpe une échelle, doit être validée avant de passer à la suivante. S'échapper de cette suite logique pour valider des hypothèses qui semblent absurdes peut être judicieux, explique-t-il, plus tard elles se révéleront excellentes. Je prends soudain conscience que la pensée peut être latérale et non plus verticale.

Pour ce Maltais altruiste, gamberger ne se résume pas à un cheminement qui va de certitude en certitude. Réfléchir efficacement ne mobilise-t-il pas mille autres outils, attitudes ou réactions ? La perception bizarre, l'humour, l'interprétation poétique, la priorisation, la traduction, la transformation inopinée, la disqualification émotionnelle, l'évaluation inattendue, mais aussi et surtout… le hasard, ce grand génie ! La pensée latérale relève en réalité de la technique créative. Elle engage à rechercher, par exemple, la similarité, la proximité ou l'opposition pour établir d'autres connexions, dites « latérales », que celles qui paraissent logiques. Résoudre des problèmes grâce à des approches alternatives, parfois provocatrices (stimulantes !), qui peuvent d'abord sembler absurdes, voire farfelues mais qui, au final, sont valables devient une excitation.

Bono est persuadé que la créativité tient de l'effort et reste une manière de piloter autrement son esprit, avec humour si possible. Sans jamais oublier qu'une solution provisoire peut être plus intéressante qu'une solution définitive, qui bloque les réactions en chaîne salutaires.

Pour clarifier sa démarche, Bono cite souvent en exemple le fameux jugement de Salomon. Le roi Salomon tranche un conflit de filiation entre deux femmes en ordonnant de découper en deux parts égales un enfant. Habilement, il crée ainsi une nouvelle situation… pour la débloquer.

Très inspirant, Bono m'a appris à ne pas chercher de solutions qui ne soient pas des processus ; c'est là l'essentiel. La bonne solution est presque toujours une dynamique, un mouvement qui ouvre encore et toujours – alors que nos exercices scolaires un peu couillons nous ont appris à produire de courtes réponses « correctes » ou « fausses », et non des processus vivants, de bien meilleure qualité que des réponses fermées.

En clair, bannissez deux mots de votre vocabulaire : le « oui » et le « non » !

Ma vie vivifiée

De retour à Paris, j'ai acheté cinq gaufres et les ai laissées au marchand du parc Monceau. Puis je lui ai demandé de les offrir à des gens qu'il trouverait sympathiques. Ensuite je suis allé m'asseoir sur un banc en l'observant de loin.

J'ai ainsi lancé un processus. Grâce à ces cinq gaufres, tout le monde à la buvette s'est mis à échanger des points de vue ! La situation ainsi créée a fabriqué de l'inattendu, du vivant, du non-clos.

Ma dernière relecture d'Edward de Bono, il y a dix ans, m'a fait acheter un kilt à un supporter d'une équipe de foot écossaise – un jour que je me trouvais seul à Berlin. Je n'ai jamais rencontré autant de gens ! Porter un kilt alors que je suis français a enclenché un processus de dialogue avec les passants, dans les commerces. Porter un jean ordinaire aurait fermé la discussion.

Oliver Sacks, le neuropsy qui sait que le réel n'existe pas

Un soir de déprime, je dîne avec un de mes vieux amis héroïnomane, chantre du pavot de qualité et ami-biographe de Gainsbourg. Ce jour-là, je viens d'essuyer un après-midi de discussion avec des responsables d'une grande chaîne de télévision sur un sujet qui me tient à cœur. Trois heures à espérer que mon sujet poétique puisse « fitter » avec leur « politique éditoriale ». Entendez : pour que la fraîcheur perde tout caractère, toute originalité, tout parti pris émotionnel, tout abrupt sincère. La moindre trace d'idéalisme les angoisse. Ces rudimentaires croient que tout trait de caractère a une origine, que l'enfance détermine tout, etc. Dès que je souffre d'étiolement face aux normalisateurs de tous poils, je me tourne vers les dingos patentés, les dérangeants, les malavisés, les scandaleux. Je ne les approuve guère mais trinquer avec des non-calibrés me rappellent la largeur (terrifiante) de la vie.

Yves S. est sous ce rapport-là l'un des plus déconcertants. Rien dans son cerveau ne semble avoir été mis à la bonne place. Yves a toujours vécu dans des mondes parallèles.

Pendant la guerre, ce jeune résistant se tape sa sœur avec qui il découvre un érotisme brutal. Le jour de la Libération, son maquis l'expédie à Toulouse pour descendre un collabo infâme. Yves surgit dans son bureau armé jusqu'aux narines mais, saisi par une pulsion érotique, encule le type au lieu de le flinguer. Coup de foudre immédiat. Mitraillette à la main, Yves bascule dans l'homosexualité improvisée. Deux heures plus tard, délaissant sa sœur en larmes, brisée par leur rupture inopinée, il file en train avec son amoureux vers Paris, chez Cocteau. Plus tard, cet étrange homme se découvrira un penchant zoophile, avec une passion énigmatique pour les guenons, les chiens lubriques et le gibier à plumes.

Yves n'appartient à aucun monde en particulier. Il écrit indifféremment des articles pour *Madame Figaro* ou *Union*, une revue pornographique dont il rédige toutes les lettres de confession ainsi que les réponses de soi-disant sexologues.

Bref, ce soir-là il me tend avec ferveur son exemplaire personnel de *La Vie sexuelle de Robinson Crusoé*, signé Michel Gall[1], en murmurant avec émerveillement :

– Tu vas voir, il fait ça avec des canards !

Puis il m'offre avec émotion *L'Homme qui prenait sa femme pour un chapeau*, le maître-livre du neuropsychiatre

1. J'ai Lu.

Oliver Sacks[1]. Ça me change des zigotos télévisuels lisses que j'ai subis quelques heures auparavant.

Je me plonge le soir même dans le livre de Sacks. Un texte-dynamite. D'amples questionnements commencent aussitôt à fissurer mes certitudes les plus élémentaires. Et si mon univers mental n'était qu'une des versions possibles du monde ? Et s'il existait des humains d'un autre métal qui le perçoivent et le définissent tout autrement ? Il serait alors possible d'envisager le « réel » d'une manière radicalement différente de ce que je crois. Yves n'en est-il pas l'hallucinante preuve vivante ?

Les questionnements de Sacks m'ont chamboulé durablement. Fasciné par les dérèglements qui affectent l'âme, ce très attachant Britannique décrit les troubles psychiques les plus sidérants qui atteignent un patient dans son corps et dans sa personnalité ainsi que dans l'image qu'il se fait de lui-même.

Au fil des pages extraordinaires, sans doute intolérables pour un responsable de chaîne de télé, on rencontre des êtres taillés pour les Yves S. : un marin qui vit encapsulé dans un instant perpétuel ; une femme qui n'a aucune conscience de ce qui se passe sur sa gauche ; une autre, très désincarnée, qui peine à comprendre ce que signifient les mots ; un bonhomme chiffonné qui se prend pour un chien et qui renifle l'odeur du monde ; des jumeaux arriérés mentaux capables de prodigieux calculs numériques qui ne communiquent que par des nombres premiers ; une dame replète qui n'a plus de

1. Points.

proprioception (sens qui permet d'accomplir les mouvements nécessaires pour se tenir debout ou parler et qui permet d'avoir conscience que notre corps nous appartient bien) et se croit dans un corps mort.

En vingt-quatre cas à la frontière de l'inconcevable, Sacks nous révèle des mondes fantastiques où des hommes et des femmes voient, ressentent et vivent tout autrement que nous à la suite de graves dégâts neurologiques. Patients qu'il considère comme des « voyageurs de contrées inimaginables – contrées dont, autrement, nous n'aurions pas la moindre idée ».

Oliver Sacks va plus loin encore en bousculant notre conception même, très figée, de la personnalité. En Occident, nous avons tendance à la voir comme un bloc unique, figé et indivisible. Pourtant, les histoires dingos qu'il détaille semblent suggérer que notre cerveau est composé de minuscules « modules » connectés entre eux, et qu'il suffit qu'un seul se bousille pour que notre personnalité entière soit transformée, ainsi que notre manière coutumière d'envisager la vie. Mais comment le savoir quand on perd le soi puisqu'il n'y a alors plus personne pour le savoir ?...

Me voilà convaincu que nous ne sommes présents au monde que par ce que nous en pensons. Dès lors, changer l'idée qu'on s'en fait, c'est changer non *le* monde, mais *son* monde. Ce qui est déjà considérable.

Oliver Sacks

Ma vie vivifiée

Un jour que j'attends le dessinateur Albert Uderzo devant le restaurant où nous devons déjeuner près de la place de l'Étoile à Paris, je l'aperçois au loin, cheminant sur l'avenue Victor-Hugo. Une sortie d'école crée un peu de désordre sur le trottoir. Albert fend la foule des rires et je constate que pas un gamin ne reconnaît le papa d'Astérix que tous connaissent pourtant par cœur. Pour ces minots qui s'égaillent, il n'est pas le génial Uderzo, créateur de personnages qui brillent au firmament de l'art populaire mondialisé, mais un vieux monsieur qui passe. Dans leur réalité, Albert est tout autre chose que ce qu'il est. En le dépassant, ils le bousculent.

À table, nous évoquons son daltonisme et je lui demande de me décrire ce qu'il voit autour de nous : des dégradés, des sensations. Un autre monde. Je comprends alors qu'Uderzo n'a jamais vu ses propres albums. Il ne connaît pas les aventures d'Astérix en couleurs dégustées par des centaines de millions de gens.

Conclusion, personne ne voit le même monde. Nous devons l'accepter ! Il n'y a pas une réalité, mais plusieurs qui cohabitent.

Milton H. Erickson, le psy hors du commun père de la communication indirecte

1995, j'ai trente ans. Je commence à vieillir et cela m'angoisse. Mon fils Hugo a déjà quatre ans et ne cesse de changer alors que rien d'aussi extraordinaire que l'apprentissage de la marche n'est venu immensifier ma vie au cours des dernières années. Vais-je être capable de rester *vivant* ou suis-je déjà entré dans la rumination d'une vie bégayée ?

Un matin d'anxiété, je pose une question simple à la mère de mes fils, très curieuse, qui suit des cours de psychologie :

– Dans tout ce que tu explores, quel est le psy atypique qui à tes yeux a tout repensé ? Celui qui pourrait me bouleverser ?

– Milton H. Erickson, me répond-elle sans hésiter.

– Pourquoi ?

– Erickson ne fait pas que soigner, il repense toute la communication.

– Dans quel sens ?

Hélène m'explique que pour communiquer efficacement avec moi, elle peut soit formuler ce qu'elle souhaite me dire, soit créer une situation qui le dira à sa place, sans faire usage de mots directs.

Je reste perplexe. Elle précise :

– Si je veux que tu me portes, je peux t'ordonner : « Porte-moi ! » ou me laisser tomber afin que tu le fasses spontanément. Dans le premier cas je m'adresse directement à toi, dans le second je m'y prends avec ruse, de manière oblique. La probabilité pour que tu m'obéisses est plus forte dans le second cas, car il est très difficile de s'opposer à ce qui n'est pas énoncé. L'esprit ne sait pas le faire. Voilà le genre de chose qu'enseigne Erickson.

– C'est de la manipulation !

– Oui. Erickson disait qu'une relation sans manipulation, ça n'existe pas. Les siennes étaient bienveillantes, c'est pour cela qu'elles étaient aussi efficaces.

Deux jours plus tard, la mère de mes garçons m'offre un véritable trésor : *Un thérapeute hors du commun : Milton H. Erickson*, écrit par Jay Haley[1], l'un de ses plus brillants élèves. Un livre qui va changer ma manière de penser et d'agir.

En écrivant ces mots, je m'aperçois que le changement m'apaise alors que l'inertie m'apparaît comme une maladie. J'étais fait pour rencontrer Erickson.

Sa lecture a déterminé mes propres modes opératoires dans tous les domaines de ma vie – j'ai même écrit un roman ericksonien[2] où la conduite des personnages

1. Desclée de Brouwer.
2. *Autobiographie d'un amour* (Folio).

est inspirée du mode de communication stratégique de Milton H.

Mort en 1980 à Phoenix, ce psychiatre hors du commun a développé sa pratique et son enseignement en marge du freudisme dominant, en marge de l'œuvre de Jung, en marge de tout. Chez lui, tout est autre. Il ne jure que par les thérapies brèves, estime qu'un psy se doit d'être directif et mobilise parfois ses propres enfants pour parfaire le bien-être de ses patients.

Reclus au fond de son Arizona sec où il soigne ses articulations, le vieil Erickson sait d'expérience que la méthode indirecte est la voie la plus directe vers le changement puisqu'elle absorbe et contourne les résistances de ses patients.

Sa vie détonnante constitue un long voyage dans l'autrement. Peut-être est-ce dû au fait que ce magicien est à la fois daltonien, ancien paralysé et dyslexique, ce qui a généré chez lui une conception très particulière de l'apprentissage.

Atteint de poliomyélite, Milton se sort lui-même d'une paralysie quasi totale – seuls ses globes oculaires fonctionnent encore – en imitant un bébé qui, sous le même toit, apprend à marcher. Son expérience de la souffrance est fondatrice de son effort pour trouver des solutions là où la pensée classique, directe, patine ou renonce carrément. Pour s'exprimer sans attiser les réticences et blocages de ses interlocuteurs, Milton H. Erickson préfère utiliser des analogies ou raconter de simples histoires laissant aux universitaires inefficaces mais honorés le soin d'énoncer de très savantes doctrines.

Pour lui, l'inconscient reste inconscient. Il considère qu'un patient va mal parce que sa capacité d'apprentissage est enrayée, et non à cause d'un traumatisme ancien. Sa technique est de permettre à ses patients de se réparer eux-mêmes, en zigzaguant à travers leurs résistances. Il n'a pas la prétention de les guérir à leur place. Il utilise l'hypnose – qu'il révolutionne – pour berner le système cognitif en créant une ouverture mentale capable de suggérer au patient quoi faire. Sa pensée, née dans un cabinet de psychiatre, est d'une portée universelle qui peut aider à repenser à peu près tous les domaines de l'activité humaine et toutes les provinces de la réflexion : recherche, art militaire, entrepreneuriat, éducation, commercialisation de sorbets, entraînement sportif, espionnage, vente de godemichés, que sais-je encore !

Si le monde était moins benêt, il devrait exister de par le globe une myriade de chercheurs ericksoniens, des snipers ericksoniens, des chefs d'entreprise très ericksoniens, des putes ericksoniennes, des syndicalistes ericksoniens, etc.

Examinons à la volée quelques-unes des techniques d'assaut invisible que cet irrégulier emploie :

– *La prescription du symptôme.* Au lieu de considérer le symptôme comme un problème, Erickson en fait un point d'appui pour tirer son patient d'affaire. Il n'hésite pas à prescrire à un enfant énurésique une augmentation drastique du nombre de pipis au lit, au grand étonnement des parents.

– *Le recadrage.* Pour Milton, il s'agit de donner un

tout autre sens à la peur qui paralyse. Une patiente qui redoute d'être pénétrée par un pénis finit par prendre un plaisir malin à faire jouir son partenaire afin de réduire sa queue à une toute petite chose après l'orgasme. Elle rend son sexe inoffensif. Au final, elle ne subit plus la situation. Recadrer fait changer de signification le même événement.

– *L'utilisation du contexte.* Les thérapies d'Erickson ne se limitent pas à une fouille méthodique au cœur de l'enfance du patient. Il utilise le contexte familial, professionnel ou ce qui se déroule dans son cabinet. Un jour, il s'en absente pour aller aux toilettes. Au moment où déboule son patient, il a laissé ouvert son dossier visible depuis sa chaise : « En bonne voie ». La séance a déjà eu lieu.

– *Le saupoudrage.* Erickson n'insiste jamais pour obtenir un résultat, il se faufile dans les références culturelles de son interlocuteur. Un triste jour, la famille désemparée d'un patient atteint d'un cancer lui demande de réduire ses douleurs. Lorsque Erickson apprend que son patient est fleuriste, il décide de ne plus lui parler que des seuls végétaux qu'il connaît : les plants de tomates. Il passe alors des heures à lui en causer. Pour que ses messages d'espoir, de réconfort et peut-être de guérison l'atteignent, il parle de biais et par petites touches. Comme la famille du patient entend depuis la pièce voisine ces conversations, ils se mettent en colère : ils ne se sont pas déplacés pour bavarder de plants de tomates ! Quand le Dr Erickson va-t-il donc utiliser son hypnose pour soulager leur proche ? Furibards, ils finissent par débouler dans le bureau du médecin pour constater que le malade, apaisé, est plongé dans une profonde transe. Après de longues séances de discussions tomatesques, l'état du patient s'est nettement amélioré. Souvent, inspiré par ce sage, je prends le temps de parler *en biais* à ma femme, pendant des nuits entières, pour l'apaiser et l'aider à changer. Sait-elle qu'Erickson flotte souvent dans notre intimité ?

– *La fausse alternative.* Milton laisse un choix très illusoire à ses patients pour qu'ils soient intégrés de manière active dans le processus de changement. Je fais souvent de même avec ma fille de neuf ans : « Chérie, tu préfères aller au bain tout de suite ou dans dix minutes ? Tu es libre. »

– *La permissivité.* Au lieu d'annoncer à un patient : « Je vais compter jusqu'à cinq et vos paupières vont se fermer », Erickson dit des choses comme : « Je me demande, alors que vous êtes assis dans ce fauteuil, si vous allez être surpris ou si vous allez trouver agréable le fait de voir vos paupières se fermer, se fermer... » Souvent je m'y prends ainsi pour calmer les amies un peu trop turbulentes de ma plus jeune fille. Le « Calme-toi ! » direct ne marche pas !

– *Créer une nouvelle situation modifiant le sens d'un blocage.* Cette technique ne cesse de me subjuguer. Ne pouvant plus bander à la suite d'un dépucelage glauque dans une maison close, l'un des patients d'Erickson se trouve dans une situation terrible lorsqu'il rencontre la femme de sa vie. Erickson prescrit à la dame une froideur intégrale au lit pendant trois longs mois. Il inverse ainsi la source de l'impossibilité des rapports. Erickson conclut que c'est l'excès de facilité d'accès au sexe dans la maison close, puis avec des prostituées, qui a bloqué son patient. Au bout de quelques semaines, celui-ci finit par bondir sur sa fiancée !

– *La synchronisation avec le patient.* Erickson se connecte à ses interlocuteurs en entrant littéralement dans leur rythme respiratoire afin de le calmer ensuite, en clignant des yeux sur leur tempo, en partageant leur référentiel culturel (il parle de nœuds avec un marin, etc.). En amour, cette technique est *divine* !

– *Briser des enchaînements logiques* pour désorganiser le psychisme bunkerisé d'un patient afin de s'introduire dans son esprit clos. Lors d'une conférence, un homme très sec le traite de charlatan en affirmant qu'il ne sera jamais hypnotisé par personne. Erickson le prie de monter sur scène pour mieux exposer son point de vue. Il lui tend la main pour le saluer. L'autre s'apprête à faire de même, mais à la dernière seconde Erickson se penche pour refaire son lacet. L'individu en pétard reste désorienté, oubliant un instant l'objet de sa colère. Sa véhémence vient de s'éclipser. Et Erickson profite de cette brèche pour s'adresser à lui et… le plonger dans une profonde hypnose.

Aucun de ces outils – et il y en a d'autres – n'a de valeur capitale en soi me direz-vous, mais tous en ont une dans une approche stratégique globale. Erickson les combine à chaque fois dans un cocktail inattendu.

C'est là le secret du chef-d'œuvre qu'est chacune de ses thérapies.

Pourquoi ces outils remarquables ne sont-ils pas utilisés plus abondamment dans le quotidien par tout un chacun ? Pourquoi cette pensée souple n'enrichit-elle pas l'ensemble des activités humaines, étonnamment engluées dans des modes opératoires répétitifs, un rien gâteux ? Pourquoi continue-t-on presque tous à communiquer de manière si bêtement directe et peu stratégique ? Et donc sottement conflictuelle ?

Ma vie vivifiée

C'est ce stratège qui a le plus inspiré mes actions civiques de terrain. En véritable ericksonien, j'ai toujours pensé qu'un excellent programme citoyen doit comporter des inductions positives plus riches que l'action directe engagée, visible par tous.

Lorsque nous avons, avec de nombreux amis, fondé le programme Lire et Faire lire, qui consiste à faire aller des retraités français, suisses, acadiens et québécois dans les écoles maternelles et primaires afin qu'ils transmettent leur amour des livres aux enfants, il n'a été question – dans les médias notamment – que de promouvoir le plaisir de la lecture.

En réalité, mon intention cachée était de réparer nos sociétés par la promotion du lien social pour lutter contre quatre fléaux : l'isolement tragique de nos anciens, le naufrage de l'échec scolaire, la plaie de la délinquance juvénile et les lourds problèmes d'intégration d'une partie des enfants issus de l'immigration.

Toutes les études montrent qu'il existe un lien étroit entre la violence et le niveau de vocabulaire des jeunes. On sait également qu'un minot qui éprouve du plaisir devant un livre va pérenniser l'acquis scolaire. Il est de fait vacciné contre l'échec scolaire aux funestes effets en cascade. De surcroît, en partageant ces instants de lecture-plaisir, on unit émotionnellement les anciens de la commune et les mouflets nés de l'immigration. Ce qui recimente la cohésion d'une nation en intégrant également les retraités mis de côté lorsqu'on les exile cruellement loin du travail.

*Afin d'atteindre ces objectifs en mobilisant massivement les retraités, mieux vaut ne parler que d'*UNE *chose réjouissante qui a beaucoup de sens pour les bénévoles – transmettre le plaisir de la lecture – et laisser se déployer les effets indirects de ce programme hautement civique, civilisateur et pacifiant.*

Erickson avait raison. Point n'est besoin d'être conscient pour changer positivement. L'essentiel est que ça ait lieu !

VI

Mes rebelles favoris

Gandhi :
vaincre sans violence

En 1983, j'ai dix-huit ans. Je sais déjà que les partis politiques de mon pays sont achetés par le patronat. Six ans plus tôt, lors des élections de 1974, j'ai vu de mes yeux les valises de billets de la Fédération française du bâtiment transportées par mon grand-père, puis remises en mains (pas si) propres au frère de François Mitterrand par Zouzou, la maîtresse-secrétaire de Jean Jardin. Nous étions dans la suite que grand-père louait à l'année à l'hôtel Lapérouse, à deux pas de la place de l'Étoile. Il y pratiquait ce genre de sport occulte. En ouvrant une valise gonflée de billets de cinq cents francs, – des Pascal –, Zouzou m'a soufflé : « Prends-en un, ils ne comptent pas ! », ce que j'ai fait. J'ai alors bien senti que la démocratie était un commerce.

En 1963, je rêve déjà du vent frais de l'engagement radical noble et idéal, de rouler pour l'Homme.

Cette année-là sort en Europe le film inspiré de Richard Attenborough, *Gandhi*, joué par Ben Kingsley. Ma mère m'emmène le voir après une discussion forte sur son grand-père Philippe Landrieu, un intime de Jaurès[1]. Landrieu administrait pour son ami son journal *L'Humanité*.

Le jour de l'assassinat de Jaurès, à l'été 1914, ils dînaient ensemble au café du Croissant lorsque le tueur nationaliste a tiré dans leur direction. Landrieu a écopé d'une balle qui lui a déchiré la joue, mais Jaurès s'est effondré. Proche de Mussolini (alors socialiste) et de Lénine (alors exilé en France), professeur de chimie moléculaire au Collège de France, Landrieu pensait différemment. Rebelle engagé, protestant très laïque, mon arrière-grand-père avait rompu avec son milieu d'origine bourgeois tout à fait convenable.

De Jaurès le pacifiste, nous passons à Gandhi le non-violent. Le film étant à l'affiche dans le quartier, ma mère m'entraîne. Et je découvre à dix-huit ans que, pour vaincre leur adversaire, certains politiques en position d'extrême faiblesse ont eu le courage de tendre au dominant un miroir. En le renvoyant à lui-même, ils l'ont obligé à voir ce qu'il ne voulait pas contempler et à modifier drastiquement le cours d'événements que l'on disait écrits.

Le film m'enflamme.

Cette stratégie risquée – et apparemment cinglée – mais redoutablement efficace de Gandhi a donné au monde une insolente leçon de rébellion. Elle a fait

1. Homme politique dont le souffle porte encore, personnage mythique du socialisme français, pacifiste assassiné en 1914 par un belliciste qui craignait que Jaurès n'empêche la guerre en mobilisant les syndicats français et allemands.

tomber sur notre espèce une insolite lumière spirituelle.

Le long-métrage montre bien que lorsque Gandhi prie ses troupes de ne pas répondre de manière belliqueuse aux actes de violence des Britanniques, il décontenance ces derniers en les obligeant à réfléchir à leurs valeurs. Pas simple de frapper celui qui défend vos valeurs et qui refuse de se défendre car il vous estime. Cela fait tout de suite honte aux soldats d'occupation et leur est vite insupportable. En réclamant des élections libres, le Mahatma ne cesse de rappeler aux Anglais leur goût historique pour la démocratie.

Pensant tout autrement la lutte, en changeant de plan, il renvoie les Britanniques à leur identité séculaire pas seulement par tactique – Gandhi sait être rusé – mais surtout parce qu'il demande à ses propres partisans d'aimer leur adversaire, de combattre l'Angleterre afin de s'en faire une alliée intime en lui pardonnant déjà ses fautes, son avidité, ses arrogances. La non-violence qu'il défend a pour but de transformer ses ennemis en amis sincères, pas de les humilier. Gandhi va très loin dans la pensée différente ; d'où la magie de ce film où règne le souffle de l'esprit. Sa non-violence utilise un tout autre procédé de rupture. Sans lâcheté – car il s'agit bien de vaincre –, ni coups bas. Elle implique de « ne jamais considérer l'adversaire comme un ennemi à abattre mais comme un homme qui s'est fourvoyé et à qui il s'agit d'ouvrir les yeux ».

Dans ce biopic d'Attenborough, on assiste à une scène sidérante où le Mahatma convainc ses militants de recevoir des coups de bâton sur la tête et d'accepter ces coups sans jamais répondre aux forces de l'ordre britanniques. Sur le plan suivant, on surprend un journaliste américain qui téléphone à la rédaction de son journal pour dire que ce jour-là l'Inde vient de basculer dans l'indépendance réelle, au nom des valeurs mêmes de l'Angleterre qu'elle respecte dans son identité profonde. Ces scènes jubilatoires procurent une fabuleuse satisfaction. Comme toutes les scènes où l'on découvre comment Gandhi s'y prend pour ne plus coopérer avec les lois de l'Empire britannique. Il ne les combat pas, il s'en détourne avec élégance et courtoisie. Dans le sel qu'il récolte en enfreignant la loi britannique, le Mahatma voit un bien qui appartient au patrimoine mondial. Non-coopérant paisible, il montre à l'Angleterre décontenancée que sa domination suppose une coopération. Loin de tous les stratèges d'antan, Gandhi définit très simplement sa non-violence par la « non-participation en quoi que ce soit que l'on croit maléfique ».

Cette stratégie en miroir – prodigieusement éloignée de la pensée guerrière classique – peut sembler à première vue foldingo ou naïve. Et pourtant, elle a couronné de succès la rébellion indienne.

Comment se fait-il qu'après le sillon tracé par Gandhi, si peu de leaders aient repris à leur compte cette stratégie gagnante ? Alors même que la non-violence est moins propice à la désunion et qu'elle peut changer en profondeur l'adversaire, ce qui reste la plus sûre garantie d'une victoire durable ?

Étonnant que l'être humain s'en serve si peu ! Que

si peu d'avocats l'utilisent lors des divorces où, objectivement, les parents ont un intérêt supérieur à entrer dans un conflit sain – s'il est nécessaire – pour devenir ensuite des amis. Que ne m'a-t-on rappelé les préceptes de Gandhi au bon moment !

Ma vie vivifiée

Je n'ai pas encore eu le courage de renvoyer l'autre à ses propres valeurs quand il se perd gravement et que je suis tenté de le gifler, mais je le ferai. En gardant bien en tête que j'ai en réalité besoin sur cette terre que mes ennemis deviennent mes alliés. La discorde n'est pas une solution durable.

Mandela : parier sur l'humanité des brutes

Les méfiants devant la candeur de Gandhi m'ont souvent fait observer que le Mahatma luttait contre des Anglais buveurs de thé épris de démocratie, pas contre des nazis. Les cyniques en concluent aussitôt que l'idéalisme forcené du leader indien ne peut fonctionner contre les brutes prisonnières d'une idéologie infâme, et qu'il s'agit d'un article de luxe pour époque tempérée.

Je l'ai cru moi aussi, jusqu'au jour où je suis entré en grande conversation avec un SDF fou de lecture. Cet homme est souvent posté à la sortie d'une boulangerie de la rue des Batignolles, à Paris. À chaque fois, je le vois dévorer un livre. Je tente de le convaincre de me donner une interview filmée à publier sur mes réseaux sociaux, afin qu'il recommande ses ouvrages préférés. L'homme affable refuse, ne se sent pas légitime pour tenir en public le rôle de prescripteur que j'aimerais lui assigner. Mais soudain il me tend un ouvrage abîmé :

– Tenez, c'est pour vous.

– Vraiment ?

– Ça vous fera du bien.

Je jette un œil sur le titre du livre, que j'accepte : *Un long chemin vers la liberté.* L'autobiographie de Nelson Mandela[1]. Le soir même, je m'incorpore ce texte écrit clandestinement en détention par le rebelle au long cours qui délivra l'Afrique du Sud de son système raciste, l'apartheid. En une nuit hypnotique, Mandela m'apprend que tout homme, fût-il une sorte de nazi coupé de toute compassion, peut être rendu à sa pleine humanité.

Nelson est déjà enfermé sur l'île-bagne de Robben Island depuis 1964 – sous le matricule 46664 – lorsqu'en 1978 la porte de sa cellule s'ouvre sur un nouveau gardien, Christo Brand, un Afrikaner rustique de dix-huit ans. Brand vient de la campagne, du bush profond, d'une culture qui donne au racisme des bases religieuses. On l'a briefé :

– Vous allez rencontrer le plus grand criminel de l'histoire de l'Afrique du Sud.

Biberonné à la culture effrayante de l'apartheid, ligoté de préjugés raciaux, il tient son prisonnier pour un authentique singe. Immédiatement, Christo Brand vomit ce criminel, ce sous-homme qu'il entend mater.

Mandela a déjà soixante ans. Pleinement conscient du chemin que son âme élevée désire pour l'Afrique du Sud enlisée dans le racisme institutionnel, encagé dans des murs de béton et sans même savoir s'il en sortira

1. Le Livre de Poche.

un jour, il prend alors une décision sidérante, fondamentale : délivrer ce jeune homme de son inhumanité, normalisée par sa société.

Tout Nelson Mandela est là.

Rendre à sa bonté celui qui le hait. Ce passage de son autobiographie me saisit dès la première lecture.

Tout l'avenir de son pays est en germe dans cet objectif d'une portée incalculable, alors que lui et les siens ont longtemps pratiqué la lutte armée. Cet acte inouï fait changer sa rébellion de plan et, par suite, sauvera l'Afrique du Sud de vengeances sanguinaires qui semblaient inévitables.

La progression de son combat pour rendre sa pleine humanité à Christo Brand sera lente, ponctuée de revers amers, jusqu'à ce jour béni de 1981 où Winnie, son épouse, lui rend visite avec l'un de leurs petits-fils, caché sous une couverture. Voir un enfant est strictement interdit par le règlement de l'île mais Brand finit par prendre le bébé et le présenter à son « ennemi ». Le vieil homme embrasse l'enfant. Quelque chose se dénoue entre eux, se coud.

Au contact du vieux Mandela, le jeune homme « grandit » peu à peu humainement. Dans le giron mental du penseur noir, le Blanc apprend alors l'importance d'être humble, fier de soi, serviable et d'étudier durement.

Étrangement complices, les deux hommes finissent même par établir une sorte de code secret. Lorsque Mandela se trouve placé sur écoute, Christo Brand frotte le lobe de son oreille pour lui signifier de surveiller ce qu'il formule. Plus tard, Mandela demande à son gardien de lui apprendre l'afrikaans, la langue de l'ethnie blanche au pouvoir. Mandela s'en explique : « Si vous parlez à un homme dans une langue qu'il comprend, cela lui monte à la tête. Si vous lui parlez dans sa langue, cela lui monte au cœur. » Le jour de sa libération, il prononcera son discours en afrikaans, grâce à son geôlier.

En 2004, le fils de Brand se tue dans un accident de la route. Mandela a perdu le sien dans les mêmes circonstances. Il devient alors comme un père pour ce gardien perdu de chagrin.

Lorsque le leader de l'ANC est transféré à la prison de Pollsmoor, au Cap, Christo Brand le suit. Là, le régime pénitentiaire s'assouplit. Par petites touches, Brand devient plus son majordome et son fils spirituel que son gardien. Lui, l'ancien bloc de racisme musclé, finit par lui présenter sa famille et le servir. « Des gens comme le gardien Brand ont renforcé ma croyance dans la profonde humanité même de ceux qui m'ont gardé en prison pendant vingt-sept ans et demi », dira ce symbole de la réconciliation et surtout de la possibilité du pardon qui fondera sa politique de sortie de l'apartheid[1].

Cette histoire semble un quasi-conte mais elle est traversée par une vérité dérangeante. Le pari extrémiste sur l'humanité de l'autre peut être victorieux. Il y a dans

1. En 2014, c'est encouragé et soutenu par Mandela que Christo rédige son livre-clé, *Doing Life with Mandela. My Prisoner, My Friend* (John Blake Publishing).

l'épaisseur de la vie folle une place pour l'extrémisme humaniste.

Si on y consacre le temps nécessaire.

Nelson parvient à unifier ses troupes derrière lui en leur imposant son magistère moral parce qu'il a développé ce rarissime talent : savoir hisser son combat au niveau le plus élevé, celui de rouler pour l'humanité tout entière et non pour les seuls Noirs bafoués dans leurs droits.

Écoutons le Mandela en nous, changeons toujours de niveau : pensons autrement le Mal. Sur la durée, recourir à la partie haute de soi est l'unique stratégie gagnante.

Ma vie vivifiée

En 1995, j'ai trente ans. J'ouvre grands les yeux en découvrant comment l'Afrique du Sud s'y prend pour sortir des offenses de l'apartheid. J'étudie beaucoup les efforts sud-africains pour réparer l'irréparable.

Il n'existe en vérité pas de solution « réelle ». Celle mise en place par Desmond Tutu ne peut être que d'ordre symbolique. C'est à cet ordre-là que se rapporte la création de la Commission de la vérité et de la réconciliation (CVR), destinée à faire la lumière sur les violations des droits de l'homme les plus graves. Son action, guidée par des personnalités à fort pouvoir symbolique, relève-t-elle du prodige ? A-t-elle permis une transition politique à la fois radicale et pacifique ? En renonçant à exercer une justice sanctionnant les coupables et en optant pour une justice restauratrice qui vise à rétablir des liens entre victimes et bourreaux, la CVR a-t-elle atteint ses objectifs ?

Globalement, oui. Quelque vingt et un mille deux cent quatre-vingt-dix-sept Sud-Africains ont raconté en détail leur souffrance auprès d'enquêteurs venus recueillir leur parole ou lors d'auditions publiques. L'un des secrets de la CVR est l'attention que ses membres ont portée aux proches des victimes ou aux survivants, tant sur le plan quantitatif – le nombre de témoignages a été élevé – que sur le plan qualitatif. L'accueil et l'écoute ont été perçus comme primordiaux.

Le principe de la justice restauratrice et de l'amnistie conditionnelle a été défendu en raison de son efficacité concrète. Les accusés sont davantage disposés à coopérer et à révéler les faits dont ils sont responsables que lors d'un procès pénal. Enfin, la parole des bourreaux corrobore celle des victimes et permet d'éviter ou de limiter les formes de déni au sein de la société sud-africaine.

Ce moment a été symbole d'une écoute possible. Plus j'ai lu de comptes rendus des travaux la CRV, plus j'ai été certain que nous aurions dû, après la guerre, faire de même avec les soutiens de Vichy et de nos miliciens. Nous aurions, nous Français, échappé à un demi-siècle de déni, tragique pour nos familles et notre pays. J'en sais quelque chose.

Waldo Birmingham : la rébellion du nudisme moral

Un soir de déception, navré par l'homme que je suis devenu, fracturé entre plusieurs femmes, je rejoins dans un bar de jazz un vieux camarade de René Goscinny, d'origine peau-rouge. J'ai envie de me glisser dans la peau d'un autre, plus conforme à mes rêves amoureux d'adolescent épris de la princesse de Clèves. Je me rends à ce rendez-vous bruyant pour me changer les idées. Cet Indien devenu concierge à Paris me raconte que le scénariste légendaire de *Lucky Luke* (et de tant d'autres titres) a longtemps été hanté par un personnage sidérant de l'Ouest américain qui a laissé peu de traces : Waldo Birmingham, né en 1865 dans le sud de l'Arizona. Je l'écoute d'une oreille distraite, sans me douter que cet étonnant concierge sioux va m'ouvrir les yeux.

– René était désolé que ce caractère réjouissant, très à part, ne puisse pas trouver sa place dans une série de BD pour enfants. Birmingham était peut-être l'un de ses préférés ! L'éditeur n'aurait jamais accepté, jamais pu…

Rejeton d'un lord anglais défroqué de ses titres, en rupture tonique avec les mœurs de l'Angleterre victorienne, le père de Waldo voulut avec son épouse Mary devenir indien, en s'insérant au sein d'une tribu hopi qui avait l'esprit large. Cas fort rare à l'époque tant les Européens tenaient en basse estime les Indiens qui, eux-mêmes, les méprisaient.

Waldo Birmingham perd tôt ses parents. Ils sont liquidés dans une escarmouche contre une tribu navajo emmenée par un fripon exalté – ils auraient été scalpés avec soin. Quelques années plus tard, le jeune Waldo – de tempérament acariâtre et exceptionnellement vindicatif à ce qu'on sait – fait valoir ses droits sur une propriété immense acquise par ses parents en bordure du Colorado. Inapte au retour apaisé parmi les Blancs, gaucher de nature, Waldo fait alors le choix de ne plus se vêtir sur ses nouvelles terres ancestrales et de se faire appeler désormais Lord Naked (Lord Tout-Nu[1]). Dans le plus simple appareil sous son parapluie, il prétend que seul un nudisme intégral lui permet d'être extrêmement l'âme que Dieu lui a donnée.

D'emblée, ce Waldo m'enthousiasme.

Il est ce que je ne parviens pas à être. Il va jusqu'au bout de sa folie, de ses valeurs, quand moi j'ai l'impression d'avoir perdu les miennes. Waldo est intégralement ce qu'il est.

On comprend aussi que Goscinny n'ait pas pu en

---

1. J'ai tiré de son épopée un petit roman jeunesse éponyme très difficilement trouvable, publié aux éditions Lire c'est partir qui ne distribuent pas en librairie, seulement dans des banlieues défoncées et des villages reculés.

faire le héros d'un *Lucky Luke* ! Constamment à poil, Waldo le dingo aurait contrevenu à la législation française sur la littérature destinée à la jeunesse...

Personnage distingué, Waldo Birmingham séjourne sur son lopin d'Amérique une petite trentaine d'années en solitaire, non loin du Grand Canyon, armé d'une pétoire automatique demeurée célèbre (surnommée Gina), sans jamais enfiler la moindre culotte ni masquer ses émotions ou opinions.

Ayant la gâchette facile, il exige le plus grand respect pour sa religion de l'honnêteté. Quiconque lui ment est abattu et jeté aux cochons par son valet de chambre, également nu comme un vers, un certain William Pekoe. Quiconque se montre hypocrite avec lui est également descendu. Quiconque tente de masquer son gland ou ses érections se voit dévoré par les nombreux crocodiles qu'il élève à cet effet dans sa ferme du Colorado.

Les Hopis de l'époque semblent lui avoir voué un respect quasi religieux au moment où la langue des Blancs était réputée fourchue. Aucun Indien ne s'est jamais offusqué d'apercevoir les performances athlétiques de son appareil génital.

Waldo Birmingham reste à ma connaissance le seul être humain qui a eu le courage fou de pratiquer un nudisme moral intégral – discipline très particulière qu'il a décrite et fouillée dans un bréviaire virulent intitulé *Little Full Nudism Treaty.* Texte écrit dans un latin élégiaque et imprimé sur de la peau de serpent à sonnette d'Arizona, dont la couture des pages fut assurée par son Pekoe, *butler* sans culotte. J'ai eu entre les mains, par le vieux camarade de Goscinny, l'un des rares exemplaires en latin qui aient survécu au temps. On m'en a ensuite traduit de larges extraits. Ce singulier traité invite – en plein XIXe siècle puritain – à se défaire de tous les cache-sexes moraux et physiques, à s'aventurer dans l'hyper-honnêteté. Waldo incite à boxer tout tricheur et à gifler sans vergogne les falsificateurs d'émotions, tous ceux qui paient notre cœur en fausse monnaie sentimentale.

Waldo n'a-t-il pas raison ?

Tirons à vue – avec du plomb, des lance-pierres ou des sarbacanes – sur les faussaires en tout genre, les perfides maquillés, tous les faux-culs chics et les emmurés dans des émotions de façade. J'en ai été un, je sais de quoi je parle !

Ma vie vivifiée

Un soir de recomposition personnelle, en 2019, j'ai décidé d'être Waldo à ma façon, de me purifier de mes mille petits ou gros mensonges et de flamber d'un coup la totalité de mes masques littéraires. J'ai écrit et publié un livre très étrange, Le Roman vrai d'Alexandre[1], *pour dévoiler publiquement le catalogue de mes menteries. Moment vertigineux que cet exercice littéraire d'actualisation, que cette purge de papier de mes faux-*

1. L'Observatoire.

semblants empilés au fil des ouvrages, des mariages et des épisodes publics.

Quand le livre paraît, je tremble. Que va-t-il se passer ? Serai-je mis au dernier ban de la société ? Même pas. Je m'aperçois avec sidération que l'usage intensif du mensonge est si répandu, si intégré dans nos vies que personne ne croit au fond que l'on puisse se sevrer de cette drogue. En société, et surtout au travail, chacun ne conçoit l'existence que travesti, grimé. Vous pouvez hurler la vérité, personne ne vous croira : on imaginera que c'est une rouerie supplémentaire, un artifice manipulatoire de plus.

Tom Sawyer, le mini-rebelle qui changeait les emmerdeurs en marionnettes

Un autre écrivain américain m'a aidé à me retrouver : Mark Twain, sans doute l'un des plus géniaux manipulateurs de l'histoire américaine. En tout je me sens son frère car sa bonté irradie dans ses textes malicieux. Son héros rebiffé, le petit Tom Sawyer, est dépositaire de son incroyable ingéniosité pour garder le dernier mot face à ceux qui tentent de l'écraser. C'est le SDF de la rue des Batignolles, ce lecteur méditatif qui voit au fond des textes, qui me l'a fait découvrir sous son jour le plus malin.

Dans un chapitre resté célèbre, le pauvre Tom est puni. On lui enjoint de repeindre une barrière en blanc. Jovial, il s'y attelle avant d'être rejoint par une bande de garçonnets qui se foutent de sa gueule. Au lieu de riposter, Tom a un coup de génie. Il ralentit jusqu'à l'excès le rythme de son pinceau. Étonnés, les gamins lui demandent pourquoi il peint aussi lentement. Tom explique qu'il fait durer le plaisir. Il donne alors un tout autre sens à son acte. Et il persévère avec délice jusqu'au moment où les moqueurs demandent à essayer pour goûter à leur tour à ce mystérieux plaisir. Tom Sawyer feint de céder à leur supplique et... ses insulteurs finissent par peindre la barrière à sa place !

Tom a-t-il donné un ordre ? Non, cela n'aurait eu aucun effet. En s'adressant aux ricaneurs de manière indirecte, son injonction muette – « Peignez à ma place cette foutue barrière ! » – a fait son chemin. Twain est sans doute l'un des écrivains les plus habiles dans l'art de créer ce que l'on pourrait appeler des « situations persuasives ».

Soyons des rebelles à la mode Twain !

Et écoutons les SDF lecteurs.

Ma vie vivifiée

Depuis ma découverte des méthodes singulières de Tom Sawyer, rue des Batignolles, je me suis fait un plaisir de repérer les héros de l'action indirecte, les princes de la rébellion intelligente.

C'est ainsi que je me suis penché sur le cas du général Marshall, l'inventif dont le plan éponyme redressa l'économie allemande et européenne juste après la guerre. Son action reste à mes yeux un pur chef-d'œuvre de communication indirecte, infiniment efficace pour réparer la psyché allemande. Tom Sawyer n'aurait pas fait mieux.

Son plan est une initiative paradoxale puisque les Allemands de 1945 s'attendent à être très sévèrement punis pour leurs crimes raciaux et autres, et non aidés dans leur effort de reconstruction.

Les Alliés ne se rendent alors pas compte que la première guerre mondiale a été vécue par l'Allemagne comme une authentique guerre d'extermination de leur « race », une guerre sans merci contre leurs femmes et leurs enfants puisque la famine liée au blocus a été très cruelle. Alors qu'en France, à l'arrière de la boucherie, on s'enfilait goulûment camembert et tartiflette aux morilles pendant la bataille de Verdun – on n'a jamais cessé de déguster des ris de veau au cours de la grande conflagration du Chemin des Dames.

Les pertes civiles germaniques dues à la sous-alimentation ont été, elles, effroyables et ont, peu à peu, ancré dans les cerveaux d'affamés cet imaginaire très particulier qui, d'évidence, a nourri les discours hystériques d'Hitler sur l'espace vital à l'Est, en créant un profond réflexe de légitime défense contre tout peuple soi-disant désireux d'exterminer la « race allemande ».

Ce même réflexe a joué à plein lors de l'effondrement militaire du IIIe Reich. Si de très jeunes enfants se sont battus jusqu'au bout dans les faubourgs de Berlin, ce n'est pas (uniquement) par fanatisme idéologique, mais bien parce que s'est installée dans les esprits berlinois depuis la Grande Guerre l'idée que l'envahisseur avait l'intention de les exterminer comme des rats. Cette conviction a déterminé les comportements. Les bombardements massifs des villes brûlées au phosphore ont ratifié cette croyance, et la violence extrême de l'Armée rouge a aiguisé la persistance de cet imaginaire encore aggravé par l'idée que, cette fois, « les Juifs vont se venger ». Et là, non seulement l'Amérique ne bute personne ou presque, mais finance rubis sur l'ongle la reconstruction de la RFA ! Sans commettre l'imbécillité crasse de réclamer aux Germains une dette de guerre, comme le firent les Français en 1918 à Versailles.

Cette initiative, proprement ahurissante quand on y pense, ce total contre-pied historique, permet d'évaporer en très peu de temps les bases psychiques du nazisme (qui était une réponse franche à ces angoisses de survie très fortes nées de 14-18).

Pourtant, rien n'est dit ouvertement par Washington, ce qui est d'autant plus malin. Probablement parce que les Américains agissent pour des motifs strictement économiques. En n'évoquant jamais cet imaginaire exterminateur, on le dissout rapidement. Il est bientôt dilué puis oublié. Le cycle de réactions à la guerre de 14-18 peut enfin se clore dans les cerveaux.

Même si l'Amérique avait, on le sait, d'autres mobiles très puissants, le plan Marshall reste un parfait exemple de communication politique indirecte qui guérit le psychisme d'une nation enlisée dans des pétoches historiques sans fin.

Mais qui raisonne encore à ce niveau-là aujourd'hui, en prenant en charge la psyché des peuples ? Quel politique s'adresse ainsi au monde à l'heure du vacarme des chaînes info, où babillent des adeptes de la parole directe ? Qui oserait un tel contre-pied sans passer pour un givré ? Qui aurait aujourd'hui l'idée de proposer aux talibans de gigantesques lignes de crédit pour reconstruire l'Afghanistan, à Daesh un déluge de fric pour irriguer les villages qu'ils tiennent ?

Christian X et les leaders norvégiens, les as du symbole

Anselme est le plus décalé de mes amis.

Anselme n'a pas de téléphone portable.

Anselme n'est pas affilié à la Sécurité sociale ni répertorié dans une caisse de retraite.

Anselme a été mon refuge secret pendant des années. Je disais que j'aimais filer « au bureau » alors que j'allais me laver chez lui d'une époque faite de compromis. Ce n'est pas son goût extravagant pour l'Histoire qui me captive, mais sa capacité à ne pas négocier avec ce qui le hérisse.

Anselme vit discrètement à Rambouillet, ville impériale s'il en est, dans un perpétuel début du XIXe siècle. Haïssant cordialement la modernité, il n'a pas l'électricité dans sa gentilhommière et passe le plus clair de ses dimanches à faire manœuvrer des armées napoléoniennes de soldats de plomb sous des lambris raffinés, choisis par Joséphine. C'est le seul individu que je connaisse à s'être radicalement exilé de notre siècle qu'il vomit à toute volonté. Chez cet incorruptible, le moindre accommodement avec notre siècle tient de l'hérésie.

Vous ne trouverez sous son toit aucun livre à la tranche collée, tous sont cousus main et reliés par des moniales à cornette. Au dernier journaliste qui a voulu s'approcher de lui[1], il a calé sa poire à lavements (d'époque) dans le fion, ce qui, j'en conviens, manque de civilité[2]. Ses chiottes de faïence, d'un bleu exquis, sont raccordées à des tuyauteries en céramique qui datent de Napoléon III. Les antibiotiques ? Anselme est violemment contre. Le Tampax ? Son épouse désuète, coiffée comme une amante de Byron, ne saurait en consommer sans qu'il explose de rage froide : cet objet de commodité est trop misérablement moderne pour être toléré.

Son dernier héros se nomme Christian X, feu le roi du Danemark, à qui il voue un culte tatillon et reconstitutif. Chez Anselme, on soupe souvent en dégustant la cuisine servie à la cour du Danemark dans les années 1940. Il en possède tous les menus, rédigés à l'époque en français. Un soir que nous croquons justement des harengs revisités par ses soins maniaques grâce à une antique cuisinière qui fonctionne au feu de bois, il me confie :

– Quand il n'existe pas de solution pratique pour répondre à une difficulté, il existe toujours une solution symbolique. Ce mode de rébellion permet de changer de plan pour vaincre. Comprends-tu, Alexandre ?

1. Un photographe retors de *Paris-Match* s'est cru autorisé à le surpendre dans son intimité de 1860…

2. Nous éviterons donc, lors de la sortie de ce livre, d'aller déranger Anselme…

– Non.

– L'action symbolique parle autrement à l'homme acculé, à un niveau où l'on dispose soudain de ressources illimitées. Elle le projette dans un monde plus riche et puissant que celui qui l'environne.

Échauffé ce soir-là par un fameux cognac de 1870, Anselme m'explique que, quand l'Allemagne hitlérienne a exigé du Danemark le port de l'étoile jaune par les Juifs de son pays, Christian X riposta aussitôt en menaçant l'occupant de la porter lui-même, et c'en fut fini des exigences nazies exorbitantes. L'appareil d'État de ce royaume ne s'est pas égaré en collaborant avec l'exterminateur.

– Militairement, l'action du roi du Danemark a été assez inefficace, poursuit-il. Pourtant, le poids symbolique de cet acte a été énorme pour que personne ne fasse mouvement vers le déshonneur. En France ou ailleurs, il ne s'est trouvé hélas aucun chef de ce format pour combattre l'ignominie qui, pour nuire, avait besoin d'appuis. Les Juifs tricolores ont porté massivement l'étoile, et on connaît malheureusement la suite !

En juillet 2011, je repense à l'admiration d'Anselme pour les réactions des Nordiques lorsque la paisible Norvège essuie la tuerie d'Oslo et de l'île d'Utoya. Soixante-dix-sept personnes, dont soixante-neuf jeunes de quatorze à vingt ans, y sont abattues par un terroriste d'extrême droite. Chacun s'attend à un raidissement des mesures de sécurité du pays. Mais, âme supérieure maîtrisant l'art du paradoxe, le maire d'Oslo prend le contre-pied et fait sans délai démonter les portiques de sécurité de la mairie pour signifier à tous que la logique de la terreur a échoué. Quant au Premier ministre norvégien, Jens Stoltenberg, il déclare avec netteté : « J'ai un sacré message pour celui qui nous a attaqués et pour ceux qui sont derrière tout ça : vous ne nous détruirez pas. Vous ne détruirez pas la démocratie et notre travail pour rendre le monde meilleur. Nous sommes un petit pays, mais nous sommes fiers de ce pays. Aucune bombe ne nous fera taire. Aucun tir ne nous fera taire. Personne ne réussira à nous faire craindre d'être norvégiens. Nous allons répondre à la terreur par plus de démocratie, plus d'ouverture et de tolérance. »

Ses mots retentissent encore dans mon esprit. Ils sont géniaux et reprennent contact avec le sacré. Ce jour-là, Jens Stoltenberg ôte tout pouvoir au nazillon qui a cru défaire son peuple et ébranler son identité robuste.

Un cynique goguenard sourira de cette réaction, la qualifiera de naïve ou de romantique. En réalité, elle est bien plus que ça. Elle est d'une incroyable puissance, car elle replace au bon niveau le combat contre les effrayeurs, ces minables.

Ma vie vivifiée

À chaque fois que la vie m'a bloqué dans une nasse, je m'en suis tiré autrement. Comment ? En me situant au-delà d'une raison qui ne m'offrait plus aucune échappatoire.

Quand mon père s'éteint jeune, je suis à peine né au monde. Mon cœur glacé s'arrête en partie. Papa sort du temps et m'y laisse à l'âge de quinze ans.

Nous n'avons ensemble qu'un stock très limité de souvenirs à convoquer pour me réchauffer. L'été de sa mort, en août 1980, je commence donc à rédiger les scènes que nous avons vécues pour ne pas les voir s'estomper au fond de mes oublis. Puis je jette sur le papier des scènes imaginaires que nous aurions dû vivre pour être nous-mêmes. Des scènes qui recèlent tout son talent d'improvisation, l'odeur de sa liberté et l'électricité de sa présence. Ma conviction est que seule l'imagination donne vie aux fragments épars qui illuminent la mémoire. Je crée alors en moi un lourd écheveau de souvenirs extraordinaires qui me sont nécessaires afin de me procurer un père inspirant. Ce tressage devient une sorte de tapisserie de Bayeux familiale très convaincante. Mythomanie maladive ? Non, cette réaction me sauve du manque et de l'asphyxie torpillante. Elle me permet surtout de retisser nos liens en les enrichissant de scènes symboliques qui faisaient défaut à notre lien. Papa redevient présent dans mon classeur vert tacheté où mon stylo a poursuit notre œuvre. Et c'est grâce à lui que je deviendrai écrivain.

Christian X

Les désirs ultimes ne peuvent être exprimés que sous une forme poétique. Le langage symbolique est le plus fort des langages pour soigner, le plus efficace des onguents, l'arme la plus puissante contre la peur, ce poison létal qui structure et ronge les sociétés humaines.

Baba,
ou le courage absolu d'être soi

Baba est ma sœur, ma demi-sœur complètement aimée qui ne vieillira pas. Suis-je dévasté à l'instant où son cancer l'exécute, dans la jeunesse de ses soixante ans ? Non, car ma sœur est une victoire extrême, un être abouti, une rébellion perpétuelle contre le faux, un antidote contre le toc des relations truquées.

Elle m'a appris à voir le monde autrement.

Baba m'a montré qu'il est possible d'ôter tous nos masques et de pratiquer une authenticité salvatrice.

Je ne connais personne d'autre qu'elle qui ait à ce point mené l'aventure d'être radicalement soi-même. Envers et surtout contre tous. À vingt ans, éveillée à elle-même en Californie dans des groupes de thérapies avant-gardistes, elle revient en France métamorphosée, lestée d'une tout autre culture. La vérité sera sa religion. Dans notre famille pourvue en cingleries diverses, en faux plafonds abondants, en vrais trompe-l'œil et autres recoins obscurs de la sexualité aventureuse, elle ouvre une séquence qui va durer quatre décennies. Baba entend mordicus que tout soit possible à formuler chez nous, à faire entendre, afin que chaque relation intime soit l'expression de notre vérité démasquée et que toute folie soit nommée avant d'être dépassée.

Ma sœur est une merveilleuse emmerdeuse.

Une Antigone de la vérité délivrante.

Un courage total au féminin.

Pour survivre, j'ai longtemps fabriqué de la légende littéraire, du faux-semblant in-folio, tandis qu'elle a tissé une toile de vérité avec la même rage – en privé, quand moi je m'agitais sur la scène publique.

Baba est le beau nom de la liberté entière qu'elle se donne et nous offre à tous – sa famille et ses clients (elle est thérapeute) – avec une rudesse de cœur parfois insoutenable. Robespierre vit dans cette incorruptible ravissante qui, par toutes ses molécules, ne sait pas émousser l'authenticité. C'est au-dessus de ses forces.

Rien n'est mis de côté par cette escaladeuse de tous les pics de la franchise. Un de nos beaux-pères frôle-t-il la sensualité de ses seize ans d'un peu trop près ? Elle le traîne dans une thérapie vertigineuse dont ils ressortiront lessivés mais réconciliés par un échange sans concession, singulièrement unis d'avoir su parler net. Baba croit en la rédemption par la parole nue. Le même homme, ivre de ma mère, pille-t-il en douce cette dernière en imitant sa signature alors qu'il l'aime à la folie ? Situation impensable. Baba met aussitôt cette révélation sur la table un soir de Noël, à la campagne, en réclamant l'arrêt de ce type de dérapage :

– On ne se braque pas en famille !

Un oncle pédophile, patron d'un grand service pédiatrique parisien, la tripote-t-il en exigeant d'immondes caresses et quelques satisfactions atroces ? Elle ira à toutes les confrontations pour sauver son intégrité et soigner son âme non protégée par des adultes qui ne l'étaient pas.

Une solide proportion des hommes de ma mère couchent-ils avec elle dans sa première jeunesse, profitant d'un moment de fragilité ou de son déboussolement ? Elle ouvrira chaque dossier, fera entendre le tonnerre de sa colère, hurlera l'indicible en indocile-née.

Et j'en passe… qui ne passe pas.

Chaque membre de notre clan a, à un moment ou à un autre, bénéficié de sa clarté antigonesque et de son extrémisme libératoire ou de sa protection tendre. Pour sauver sa peau et celle des siens, Baba n'a jamais su être autre chose que cristalline.

Entièrement.

Quand on finit, un triste jour, par lui trouver dans le colon un cancer qui l'obstrue, elle ne cède pas un pouce de son exigence. Il faut opérer Baba d'urgence. Elle écoute avec circonspection son oncologue qui exige une chimiothérapie tous azimuts pour la sauver pendant qu'il en est encore temps. Consternée par la mine fuyante de ce chirurgien au regard biaiseux, Baba coupe court au rendez-vous et sort de l'hôpital.

Plus tard, j'essaie de comprendre : que signifie cette fuite ? Nette, Baba m'informe qu'elle ne subira pas la chimio que cette blouse blanche réclame.

– Pourquoi ?

– Ce médecin m'a parlé sans me regarder, sans même croiser mon regard, sans m'écouter. Incapable d'établir une relation. Il avait les mains moites ! Moites, tu m'entends ? Il avait peur de mes émotions et de la maladie, de ma mort.

– Baba, il arrive qu'un infirme relationnel aux mains moites dise la vérité… pour te sauver.

– Je ne peux pas faire confiance à un type qui m'évite.

– Baba, je ne veux pas que tu meures.

– Je ne peux pas être le contraire de moi.

– Tu peux mourir cette fois.

– J'y suis prête, si mon corps le veut. Je n'ai pas peur, me répond-elle avec une douceur qui me déroute.

– Je ne veux pas que tu meures.

– Ne t'inquiète pas, je vais explorer ce qui en moi ne lâche pas.

– Baba, c'est fini la thérapie. Tu as un autobus qui fonce sur toi.

– Fais-moi confiance.

– Non.

– C'est ma vie.

– Non. Ta mort *me* concerne.

Jamais je n'ai affronté avec une telle rudesse un être humain pour qu'il daigne se laisser traiter par des médecins. Longtemps, presque tous auront le défaut majeur à ses yeux d'avoir peur de la mort, la pétoche de leurs propres émotions. Des incapables pour gagner la confiance d'Antigone.

Baba réfléchira pendant une année à l'éventualité d'une chimiothérapie afin de ne pas déroger à sa soif de relations réelles. Se contenter de liens factices lui est impossible. Elle ne sait pas feindre la confiance, fût-ce au péril de sa vie. Baba ne négocie pas avec l'essentiel dont elle se nourrit et qui la constitue. Antigone *forever*, elle ne consentira à se soigner que lorsqu'elle rencontrera un médecin véritablement de sa trempe, de sa qualité d'âme.

Dans les derniers temps, je la retrouve un soir chiffonnée de douleur sur un lit de clinique très désorganisée, sans cheveux, blême. Estomaqué, je m'étonne qu'elle n'absorbe que du Doliprane, un analgésique ordinaire.

– Pourquoi ne te donne-t-on pas de morphine ? Tu en as demandé ?

– Non.

– Pourquoi ?

– Je veux entendre ce que mon corps me dit, lâche-t-elle sur le ton de l'évidence.

– Baba… t'es dingue ou quoi ?

– Mon corps me parle. S'il veut me tuer ou me sauver, je veux l'entendre. Tu comprends, Sandro ?

– Non.

Baba n'est pas venue sur terre pour se protéger de la vie mais pour la rencontrer sans filtre. Elle entend ressentir toutes les parties de son être et donc connaître la vie elle-même qui lui « parle ». Mais de quel bois est-elle faite ? Peu importe que son cancer la torture ou que ses nerfs soient incendiés, Baba ne pliera qu'à l'extrême de l'extrême de la souffrance suraiguë, en soins palliatifs, lors de l'ultime bataille.

Prodigieusement à part, supérieurement inconfortable, son destin parfois pénible pour les autres est de ceux que je juge extrêmement mûris, héroïques et nobles jusqu'à l'invraisemblable. Baba montre pour l'éternité que chaque angle mort peut être remplacé par un surcroît de conscience qui élève. Et qu'il est possible sur cette terre d'être extrêmement soi, de ne pas mégoter sur ses valeurs cardinales, en creusant jusqu'à la tombe son propre sillon.

Seul devant son cercueil blanc – immaculé comme elle l'a désiré –, je m'aperçois le jour de sa mise en bière que j'aime de plus en plus les êtres que je ne comprends pas mais qui ont l'honneur de créer leur chemin, en essuyant toutes les incompréhensions, dont la mienne. Ceux-là vivent leur humanité sans rester au seuil d'eux-mêmes, mais en matant leurs peurs coriaces. Ceux-là entrent de leur vivant dans l'éternité maximale.

Son ambition de vérité continue de me hanter jusqu'aux larmes.

Baba est morte, vive Baba !

Ma vie vivifiée

Hier, nous l'avons enterrée dans un endroit d'âme, là où finit la Provence et où commencent les abrupts de la montagne. Dans l'église logée entre deux éminences rocheuses, son mari s'est soudain levé sur une musique bouleversante. Sans avoir rien prémédité, il s'est mis à danser son amour pour sa femme, à virevolter à la manière d'un derviche tourneur. Nous avons tous été saisis, incapables de donner un sens à ce qui se passait. Avait-il perdu la tête ? Non, il souriait avec sur les lèvres un parfum de joie. Emporté par la musique qu'elle avait choisie, il ressuscitait soudain la danse de leur lien. Interloqué, le vieux prêtre de village a d'abord hésité, puis saisi par une larme, il l'a rejoint dans sa danse d'adieu et de célébration de leur bonheur fracassé. Nous restions tous médusés, fascinés, dérangés tandis que le vieux prieur secouait sa carcasse flageolante et émue autour du mari amoureux. Et puis la moitié de l'église, costumée de blanc, s'est levée pour se fondre dans leur élan.

Dansons notre vie ! Soyons à jamais libres ! Vive les non-effrayés par la sincérité absolue !

VII

Les sorciers de l'économie

Les saint-simoniens : boutonnons nos manteaux dans le dos

Pourquoi ai-je nourri une telle passion pour les économistes de rupture ? Par intérêt pour l'économie ? Non, par passion pour les êtres qui contestent le réel râpeux qui m'a tant déçu, par gratitude illimitée pour ces magiciens capables de refaçonner la vie des autres parce qu'ils refusent que ce soit une sale histoire.

Ces gens-là m'aident à respirer. Ils me font sortir de la suffocation qui est mon état naturel tant je ne supporte pas que la réalité me blesse et fasse rouler à terre les plus fragiles. Je suis né ainsi : offensé par la fatalité.

Un économiste génial, c'est pour moi un médecin qui arrête une pandémie qui, tôt ou tard, dévastera ceux que j'aime. Un Pasteur qui, en manipulant du capital, du travail et de la créativité, vaccine l'espèce contre le pire.

Mais les bons médecins sont rarement des êtres normaux. L'économie de rupture a toujours été menée par des dingos inspirés par le génie caché de leur temps. Au XIXe siècle, à Paris, le monde est réveillé par une bande de décadrés qu'on appellera d'abord en souriant puis avec admiration les « saint-simoniens ».

Je raffole de leur liberté absolue.

Ils m'ont montré que rien n'est une affaire classée.

C'est à Sciences Po que, bâillant en digérant les économistes honorables qui sauvèrent rarement qui que ce soit, je me suis spécialisé dans l'étude des utopistes pragmatiques qui décalcifièrent la pensée économique des XVIIIe et XIXe siècles : l'architecte Claude-Nicolas Ledoux qui, en construisant sa cité idéale d'Arc-et-Senans, repense la société productive ; le très méconnu Jean-Antoine Poussin qui, retiré au fond de sa Louisiane marécageuse, fonde et pense Amazone-ville en 1783, ville bâtie sur la conviction que seule l'égalité hommes-femmes dans la totalité des métiers assure une vive prospérité, etc. L'idée de Poussin est que toute institution « masculine » doit, de l'autre côté de l'avenue centrale, donner naissance à son équivalent animé par des femmes ; une sorte de cité en partie double, inscrivant sa foi dans l'énergie des deux sexes dans son urbanisme même.

Dans le flux de ces intelligents, j'ai eu l'honneur d'approfondir l'œuvre protéiforme des saint-simoniens.

Lors de leur retraite sur la butte de Ménilmontant en 1832, les disciples de Saint-Simon (il expira en 1825) passent pour des zozos possédés par une utopie à la frontière du gag. Dans leur communauté industrieuse bizarroïde, on porte des vestes que l'on se boutonne dans le dos en signe de fraternité. En vérité, il s'agit de démontrer par une tenue inversée qu'on a besoin les uns des autres au quotidien. Reconnaissables à cet habit fantasque, les saint-simoniens deviennent un show permanent pour les Parisiens. On vient scruter ces mabouls, les moquer, les caricaturer à loisir.

Sait-on alors que ces jeunes rêveurs, polytechniciens pour beaucoup, sur-instruits, curieux-nés, sont vivifiés par une doctrine aujourd'hui méconnue ? Qu'ils sont déjà en train de faire valdinguer le monde de fond en comble ? Que ces ingénieux positifs ont enclenché à marche forcée la modernisation du globe ?

Sous le Second Empire, diablement efficaces, ces dératés vont inventer les compagnies ferroviaires pour unifier la France à fond la caisse et souder l'Orient et l'Occident, tout en fondant la banque moderne[1]. Ce qui circule ou fait circuler captive leur ardeur. Prosper Enfantin, dit le Père Enfantin, leur maître, électrise leur imagination, fouette leur volonté. Visionnaire, Enfantin collabore à la création de la compagnie de chemin de fer Paris-Lyon-Méditerranée (PLM) dont il est administrateur. Ivres d'ingénierie appliquée, les saint-simoniens créent l'École centrale de Paris en 1829, puis de Lyon en 1857. Affamés de paix, de développement et de coopération, ils gambadent le long des méridiens pour exporter leurs idéaux.

En Turquie, ces furieux bâtissent à tout-va ; en Égypte ils lancent des chantiers titanesques ; en Algérie ils se battent pour une autre politique à l'opposé de la

1. Notamment le Crédit lyonnais.

conquête militaire rustaude conduite par le maréchal Bugeaud. On les voit même en action au fin fond poussiéreux des États-Unis. Sans relâche, ces hommes d'élan conçoivent des projets excessifs, comme le canal de Suez qu'ils imaginent et percent avant de s'attaquer au grand barrage sur le Nil.

Pensant à peu près tout dans un autre format, selon les principes inédits de Saint-Simon, ces affamés d'action différente voient dans l'industrie le moteur inexorable du progrès social. Sans répit, ils préconisent l'association des hommes, l'amélioration du sort des plus fauchés, l'effacement du politique au profit de l'économie. Capitaines d'industrie obsédés par la condition des classes laborieuses, ils sont à l'origine de nombre des pensées ≠ qui irriguent le XIXe siècle (l'*industrialisme*, le *socialisme* naissant, le *positivisme*, la promotion de la *technocratie*, l'*internationalisme*).

Dans leur religion très dix-neuviémiste, le Bon Dieu barbu est remplacé par la gravitation universelle. Leur utopie industrielle se proclame en opposition à l'ordre social immobile de l'Ancien Régime. Pour ces bousculeurs-nés, mes frères, il s'agit de façonner le bonheur de l'humanité à marche forcée sur le progrès de l'industrie et de la science. Disruptifs, dormant peu, ils entendent rompre avec l'ancienne théologie féodale afin de catapulter notre planète dans un âge extraordinaire : l'âge industriel de la science.

En cela, ces apôtres du chemin de fer sous pression sont fidèles à l'esprit de Saint-Simon, leur maître à oser qui a pensé le rapprochement entre les hommes grâce aux méga-travaux permettant d'unifier les nations en restructurant le globe mal fichu. Les idées saint-simoniennes, dans leur version libérale, sont ingérées par Napoléon III, l'activiste hors série qui invente la modernité *made in France* (aucun de ses défauts ne m'empêchera d'admirer ce déjanté à bicorne).

Mais ces endoctrinés d'action ne s'arrêtent pas là. En portant au cœur de sa philosophie la question des femmes, le saint-simonisme accompagne la vague de féminisme qui déferle dans les années 1830. Enfantin est un grand admirateur de l'œuvre du Louisianais Jean-Antoine Poussin. Trois héritières de Saint-Simon sont juchées au sommet de la hiérarchie du mouvement. Beaucoup d'autres s'y engagent. Ces visionnaires soutiennent Julie-Victoire Daubié, la première femme à se présenter, et avec quel succès, au baccalauréat à Lyon en 1861.

Et si, au lieu de nous avachir dans le déprimisme flasque et de tolérer l'intolérable, on recommençait à porter des manteaux boutonnés dans le dos ? Je file chez un tailleur différent m'en commander un ! Un costume de contestataire du réel.

Ma vie vivifiée

Remanier la vie par l'économie, voilà la possibilité qui nous est offerte. Mon passage par les coulisses de la pensée économique, à Sciences Po où sévissaient quelques professeurs atypiques, m'a laissé cette conviction dans le cœur.

Lors de l'élection présidentielle française de 2017, je me retrouve un soir à la télévision face à un parfait technocrate déguisé en homme politique (on retrouvera ce gris qui n'a jamais créé d'entreprise ministre de l'Économie). Son programme millimétré se résume à une brique de papier qui compile mille propositions administratives censées régler les problèmes du réel. Irrité par son approche non opérationnelle et follement technocratique, je lui jette à la figure une brique de lait bleue inventée par des consommateurs français qui consentent à payer un peu plus cher leur litre de lait pour que des exploitants puissent vivre dignement sur leur exploitation. Cette vidéo fera le tour de la Toile et accélérera les ventes de la brique bleue vertueuse. La Marque du consommateur (« C'est qui le patron ? ») va exploser commercialement et sauver du bouillon des milliers de familles paysannes détruites par les cours européens du lait. Défendre les couleurs de cette initiative citoyenne performante, issue de nos terroirs, est mon honneur ce soir-là. En néo-saint-simonien fanatique d'économie éclairée, j'affirme qu'il faut à présent donner du pouvoir accru au consommateur – le nouveau paradigme. Faire la révolution, c'est parfois aussi simple que de sortir sa carte de crédit.

L'incroyable monsieur B., l'assureur qui crée des risques qui n'existent pas

1987. Le destin malicieux me fait souper avec un animal hors série, champion hors cadre du capitalisme français, qui se trouve ce soir-là à la table fastueuse du patron du *Figaro*. Starlette tricolore de la littérature de la saison, on m'y a convié. Curieux de toutes les ethnies sociales, je m'y suis faufilé.

J'ai toujours fréquenté des lieux auxquels je n'étais pas destiné : *pow-wow* indiens en territoire inou, dîners occultes de l'extrême gauche paranoïaque italienne, soupers d'aveugles, repas discrets de commissaires de police français venant baiser l'anneau d'un ancien patron des renseignements généraux tricolores, amicale de pompiers berbères, réunion d'associations familiales protestantes dans un monastère catholique, mariage bouleversant de prostituées lesbiennes…

J'ai longtemps eu un besoin vital de dénicher des êtres uniques qui me soulageraient du chagrin d'être né, de ma peine de vivre dans le réel.

Ce soir-là, la récolte s'annonce maigre. Le dîner est assez soporifique. À ma droite ramollit un industriel aux lèvres grimacières qui donnent issue par leurs dissensions à une pointe de langue qu'aucune dent ne retient plus. Dieu qu'il est huileux et sans ressort ! À ma gauche, une auguste personne pète gracieusement en conservant un maintien altier. Autre monde où l'arrogance le dispute à l'élégance. Soudain j'entends un curieux monsieur murmurer à sa voisine une phrase extraordinaire :

– Les gros marchés de l'avenir de l'assurance ne passent pas par la croissance interne ou interne de nos groupes. Ce qu'il faut, c'est créer des risques qui n'existent pas. Oui, des risques qui n'existent pas.

Cette parole vitaminée m'arrête net.

Je suis d'autant plus étonné qu'on m'a présenté son auteur comme un assureur, autant dire un casse-bonbon à éviter, un avachi dans le profit lent, un qui se méfie du moindre risque et non comme un mirobolant de la finance.

Subitement fasciné par cet énergumène qui entend créer des risques inédits dans un monde où chacun aspire à la piteuse sécurité, je déplace ma chaise et m'approche. Cet homme présente un certain mélange de nonchalance et de malignité. Avec sa maîtrise de soi, son assurance olympienne, son indifférence absolue aux moyens qui peuvent l'amener au succès, il m'impressionne. Je veux savoir ce qu'il entend exactement par « *créer des risques qui n'existent pas* », des risques sources de richesse.

Claude B. – homme d'affaires dont j'ignore alors le renom justifié – m'explique qu'il a un jour compris, planté devant son poste de télévision, que les Américains de la NASA pèchent par orgueil en cramant tous leurs sous dans la fabrication de la navette spatiale. Un véhicule aussi prestigieux qu'inutile, plutôt que de moderniser des lanceurs lourds, cruciaux au moment où le marché mondial des satellites de communication s'envole. Qui pense en Europe que la prestigieuse NASA est alors dirigée par des vaniteux dominés par leur orgueil ? L'étrange Claude B., qui n'a peur de rien.

Aussitôt, le type met de la frénésie dans son action. Il utilise dare-dare le vieux système assurantiel de papa pour faire fabriquer la première fusée européenne *Ariane*. Escorté d'ingénieurs évaluateurs des coûts et des risques, il pige vite que, pour être rentable en lançant des satellites de communication, *Ariane* doit fournir des fusées de mauvaise qualité qui explosent une fois tous les vingt tirs. Les fiabiliser est possible, mais cela enclencherait une crue exponentielle des coûts qui les rendrait non rentables. Il fait donc le curieux choix d'un modèle imparfait, mais rentable, qui décolle grâce à une prime d'assurance. Puis il arraisonne les gouvernements inertes du continent, les met dans le coup, chope leurs crédits.

Grâce à lui, l'Europe se dote ainsi d'une industrie spatiale qui rafle l'essentiel du marché mondial des lanceurs lourds spatiaux, au nez et à la barbe des Américains.

Je reste troublé par sa vision économique : créer de la richesse incalculable en augmentant la quantité de risques pris par les hommes, et non en la limitant. Une alternative géniale à la trouille qui, de fait, a fait décoller nos fusées vers le cosmos.

La fatalité n'existe pas.

Ma vie vivifiée

Quels problèmes sérieux ai-je renoncé à traiter dans ma propre vie car les premières solutions auxquelles je pensais « dans le cadre » disponibles ne fonctionnaient pas ? Qu'ai-je ainsi laissé tomber par sot découragement ? Quel projet mirifique ai-je abandonné car je le croyais impossible à financer ? Est-il possible d'établir cette liste avec appétit, délire et entrain gargantuesque ? De quel désir important me suis-je amputé parce qu'il me semblait tout simplement hors de portée en végétant « dans le cadre » ?

Et si je rallumais ce désir mis de côté ?

Hjalmar Schacht,
le « banquier du diable »

– Qui se souvient encore de Hjalmar Schacht ? me lance un soir un ancien Waffen-SS de la division Charlemagne attablé avec moi dans un bar nautique de Brest.

– Pas moi…, dis-je avec honnêteté, du haut de mes dix-neuf ans.

– C'est pourtant un des phares de l'histoire économique du XXe siècle. Pour rivaliser avec la créativité d'un Churchill, je ne vois guère dans l'Europe agitée du XXe siècle que ce type maigrelet.

Ce soir-là, je suis en présence d'un dénommé Christian de La Mazière, personne fascinante, brillantissime et inquiétante que j'ai aperçue dans un film sur les Français et la Collaboration[1]. Derrière ses lunettes de soleil, il m'a tant subjugué par son honnêteté à l'écran, en détaillant les raisons véritables de son engagement

1. *Le Chagrin et la Pitié*, documentaire saisissant de Marcel Ophuls réalisé en 1969, que Giscard fit longtemps interdire. On devinera pourquoi si on se penche sur l'histoire de sa famille pendant la période de l'Occupation.

dans les rangs de la SS au printemps 1944 (il fallait être motivé !), que je me suis débrouillé pour le dénicher... à l'extrême pointe de l'Occident, sur le port de Brest.

Je suis alors très dépressif sous les airs guillerets que j'affiche dans ma vie publique, en pleine période d'interrogation sur les mobiles profonds de l'action de mon grand-père à Vichy au plus haut niveau – bien entendu sans en avertir ma famille qui, pétrie d'une horrible sérénité, préfère croire aux fables qui blanchissent mon aïeul Jean Jardin.

C'est donc à la Mazière, cet authentique soldat du nazisme, revenu de toute folie idéologique une fois engagé sur le front de l'Est meurtrier, que je dois de m'être lancé ce jour-là dans l'étude de Hjalmar Schacht. Ça me déplaît, mais c'est ainsi.

Laissez-moi donc détailler un peu la destinée de Schacht tant il est difficile de collecter des informations sur cet être maudit, relégué aux oubliettes de la mémoire occidentale. Étudiant, je n'ai quasiment rien trouvé sur ce furieux dans la bibliothèque de Sciences Po alors qu'il y a pléthore de documents sur les économistes-stars qui, dans les faits, ont pourtant échoué à réparer le réel. Trop dérangeant sans doute d'étudier le génie sombre qui a remusclé l'économie du IIIe Reich.

Disons-le nettement, on évoquera toujours ce créatif-né avec malaise – le Dr Schacht n'a jamais lancé de projets se recommandant d'un sens aigu de l'humain.

C'est lui, l'impensable, qui casse net la folle hyperinflation allemande de 1923 (la valeur de la monnaie fond alors d'heure en heure) et qui sauve littéralement l'Allemagne broyée par la grande crise des années 1930. Mais cet homme au destin météorique reste marqué au fer de l'ignominie par son intime et performante collaboration avec Hitler, dont il est le grand argentier surefficace. Son nom rendra de ce fait toujours un son abject, inquiétant, diabolique.

Pourquoi m'intéresse-t-il au point de le mentionner dans cette galerie d'individus fondamentalement positifs et pour beaucoup altruistes ? Parce que cet agissant hors de toute doctrine possède très exactement les qualités qu'on ne trouve pas aujourd'hui chez nos économistes de renom, dits « de classe mondiale », incapables de repenser un nouveau système global réellement opératoire et sain ;

d'être des femmes et des hommes d'action et d'initiative de la trempe de cet irrégulier qu'est Schacht.

À chaque étape de la vie très déréglée de la Germanie en transe, cet irrégulier invente des modèles alternatifs pour ranimer l'économie, rétablir l'hégémonie allemande et lui redonner des marges de manœuvre face à la finance anglo-saxonne toute-puissante, ou plutôt spectaculairement impuissante à partir de 1929.

Personnage hors série dans ses mœurs – l'argent n'intéresse guère ce frugal –, Schacht renonce à toucher tout salaire lorsqu'il est nommé à la tête de la Reichsbank, préférant refiler sa rémunération à sa secrétaire. Alors qu'il y règne en satrape, il porte des costumes ringardos et rentre chez lui par des trains de banlieue de troisième classe.

Cet économiste évidemment antisémite est naturellement peu étudié dans les universités mondialisées qui toutes préfèrent honorer les peu capables mais moralement impeccables du XXe siècle (John Maynard Keynes, Milton Friedman, etc.). La vérité documentée est que jamais ni le grand Keynes ni l'honorable Friedman n'ont remis sur pied un pays aussi efficacement que Hjalmar Schacht, inorthodoxe congénital. À chaque étape, ce mirobolant de la finance s'échappe de la pensée dominante qui enlise son pays dans le désastre social. Même si, et je peux l'admettre, la crème des pinailleurs aura toujours à cœur de convoquer mille indicateurs de consommation pour expliquer que les triomphes économiques du Dr Schacht doivent être relativisés sur tel ou tel point, la vérité très pénible est que cet aventureux dangereux a – globalement – tout réussi dans un siècle de mabouls.

Laissez-moi fouiller plus avant sa créativité. Loin de moi, on s'en doute, l'envie de réhabiliter un dignitaire nazi, mais sa liberté mentale reste, il faut le reconnaître, stupéfiante. Et terrifiante quand on voit dans quel dessein il l'utilise. D'évidence, nous avons affaire à un créateur de système d'autant plus toxique qu'il est monstrueusement déterminé.

Au début, ça démarre soft. En 1923, alors que la République de Weimar naufrage la Germanie en tolérant une hyperinflation délétère (les fameuses « brouettes de billets » pour payer un pain) qui assassine une Allemagne défaite, une nation laminée par la dette de guerre imposée par une France myope, qui ne voit alors pas le danger de détruire l'économie centrale de l'échiquier européen, Schacht, à la tête de la Reichsbank, commissaire à la monnaie du Reich, prend la très singulière décision de… laisser tomber les banques allemandes. Purement et simplement. En acceptant tous les risques afférents. Et en coupant net le robinet de la cavalerie financière – le refinancement par la Banque centrale –, il brise en quelques semaines l'inflation foldingo qui ravage sa société.

La finance a trouvé son maître. Pas un demi-solde de la peur, je vous dis. Un as de la détermination froide. À méditer alors qu'en 2008 tous les politiques – sans exception – ont ruiné à jamais nos États en sauvant le système bancaire. Comment ? En collectivisant les pertes alors que les bénéfices antérieurs avaient été privatisés.

Pour faire repartir l'économie exportatrice allemande sur des bases costaudes, Schacht s'affranchit ensuite de l'évidence d'alors qui veut qu'une monnaie nationale soit garantie par des capitaux nationaux. Il invente de toutes pièces le rentenmark, un mark extérieur émis et garanti par une banque dont le capital est constitué, tenez-vous bien, de bonnes livres sterling britanniques afin de rassurer les marchés mondiaux !

Comment Hjalmar Schacht est-il parvenu à cela ? Il a sauté dans un bateau pour Londres et, en Cagliostro de l'économie, a convaincu à la hussarde la City d'avancer les fonds nécessaires dans l'intérêt même de l'Angleterre qui devait, a-t-il plaidé, éviter l'effondrement allemand préjudiciable au commerce mondial. Une conception tout simplement ahurissante. J'imagine les mines des banquiers en kilt lorsqu'ils ont vu débarquer ce petit monsieur à lunettes de fer et de grand renom, décidé officiellement à sauver avec eux l'économie mondiale – en réalité seulement celle de l'Allemagne.

Schacht est animé par une obsession tenace : ne jamais honorer ses dettes ! Wisigoth de souche, il fait partie des rares théoriciens de la rapine internationale élevée au rang d'art (à méditer aujourd'hui !). En 1918, son pays déglingué doit payer cent trente milliards de marks-or aux Alliés. Grâce à Schacht, qui regarde l'économie comme une guerre différente et la dette de guerre comme parfaitement illégitime, il ne versera en tout et pour tout qu'une petite dizaine de milliards de marks-or, et encore, en empruntant cet argent aux Américains et aux Anglais… Schacht fait croire qu'il va payer, mais la triche est du nombre de ses instruments économiques ! Maître dans l'art de filouter, il n'a pas les jetons de mentir effrontément.

Puis, avec l'arrivée d'Hitler, l'animal à lunettes transforme à la vitesse de l'éclair un pays à la ramasse lourdement handicapé par le paiement de la dette de guerre en un État raciste doté d'équipements stupéfiants – autoroutes pressées, barrages-falaises, centrales thermiques, réseau téléphonique. Schacht métamorphose une ruine fumante en une réussite… En 1940, grâce à lui, l'Allemagne serait devenue la première puissance économique planétaire si l'assassin de Berlin ne l'avait pas jetée dans l'aventure cinglée de sa guerre raciale.

Hélas, très avisé et fanatique des cervelles non conformistes, Hitler le replace à la tête de la Reichsbank et de l'économie du Reich dès son arrivée aux manettes.

Ce talent majeur, godillant comme lui dans l'improbable culotté, ne peut lui échapper. Sans doute flaire-t-il chez le bonhomme une anesthésie du sens moral qui lui convient. Et là, soudain, Schacht se met à faire l'inverse de ce qu'il a mis en place en 1923. Son cerveau invente autre chose puisque le réel a changé.

Échaudé par l'irresponsabilité financière de Wall Street et de la City, capables en duo de laminer la planète dans un krach non maîtrisé, ce nationaliste tourne le dos à l'« Angleterre partenaire ». Il organise frénétiquement l'autarcie allemande et imagine une ingénierie financière qui constitue le vrai soubassement économique de la réussite économique du nazisme et qui cimente le soutien populaire à Hitler.

Ainsi, entre 1923 et 1933, Schacht bascule d'une politique déflationniste d'une rigueur quasi dingo à une politique de déficit proprement barjo. Dans les deux cas, ses audaces radicales fonctionnent très bien. Hjalmar Schacht est un rationaliste de l'extrême d'une trempe démoniaque : il analyse la situation, identifie le problème clé à régler, puis prend *toutes* les décisions nécessaires afin de réussir. Sans jamais se limiter, imiter un exemple étranger ou rassurer les pétocheux. Sa cervelle hait les demi-mesures ou le « en même temps ».

Que fait exactement Schacht aux commandes de l'économie allemande dès 1933 ?

Le contraire du très poussif New Deal américain d'inspiration keynésienne – qui ne fonctionne pas vraiment. Schacht se fiche des autres exemples mondiaux.

Dans son coin d'Europe, il parie sur un redémarrage foudroyant de l'investissement.

Uniquement de l'investissement.

Ce qui crée en un rien de temps sept millions d'emplois et un rebond spectaculaire du niveau de vie populaire.

Jamais le soi-disant « grand Keynes », dont on m'a rebattu les oreilles à Sciences Po, ne connaît le plus petit début d'une telle réussite pour résorber le chômage de masse. C'est insupportable à dire et à penser, car nous préférerions tous qu'un brave Anglais aimant le tweed, la démocratie tempérée et l'Earl Grey ait eu raison plutôt que l'argentier d'Hitler.

Artiste de la finance, alors que le personnel politique français reste à l'époque d'une inculture financière pitoyable (à l'exception peut-être d'un Mendès France assez isolé), Schacht se met – en résistant aux critiques des amorphes – à inventer une monnaie parallèle réservée à l'investissement en créant la célèbre Metallurgische Forschungsgesellschaft (MEFO) GmbH, une société au capital minuscule qui émet une énorme quantité de bons à échéance de trois mois, que les entreprises participant aux grands travaux (puis au réarmement) reçoivent en guise de paiement : les fameux « bons MEFO ». Du papier inédit voué exclusivement à l'investissement, pas à la consommation.

Ces bons très intelligents sont garantis par les signatures de l'État et de la Reichsbank. À échéance, les entreprises les remettent à leur banque contrainte par l'État de les prendre en réserve tout en délivrant en échange à leurs clients de véritables reichsmarks. Ces bons MEFO, renouvelés jusqu'en 1938, constituent une anticipation sur les revenus futurs de l'État allemand. Schacht préfinance l'investissement allemand titanesque et absorbe ainsi le chômage de masse.

Mais Hitler coupe court au risque d'hyperinflation que comportent inévitablement les MEFO (ces chiffres astronomiques surgonflent de manière extravagante mais assumée la masse monétaire) en faisant – contre Schacht, obsédé par la solidité d'une économie allemande leader mondiale – le choix de la guerre totale pour bien d'autres raisons, on le sait. Naturellement, Schacht se rebiffe – pas un peureux, vous dis-je. Le fort en gueule est viré de la Reichsbank en janvier 1939 – Hitler n'apprécie que les rampants. Mais l'inventivité de l'économiste reste hallucinante, surtout compte tenu de l'époque et du haut niveau de conformisme des élites traditionnelles allemandes.

En 1944, Hitler le soupçonne de soutenir les conjurés qui tentent de le buter dans l'opération Walkyrie, et le fait jeter en camp de concentration. C'est ainsi que cet atypique qui l'a servi comme aucun autre sauve sa tête lors des procès de Nuremberg. Après un passage par la case prison, le voici libre et sans le sou derrière sa petite paire de lunettes métallique. On le retrouve vite conseillant la reconstruction des nations non alignées : Égypte de Nasser, Iran, Syrie, Inde devenue indépendante, Yougoslavie de Tito…

Aucun *game-changer* n'a jamais été calmable. Que vous soyez un franc salaud ou un gars sympathique, si vous entrez dans cette forme de liberté, le destin vous cherchera toujours.

Je n'ai jamais revu mon SS français.

Ma vie vivifiée

Souvent, quand je lis un journal et que je vois bien que notre système financier mondial va de guingois – pour ne pas dire pire –, je me demande : « Qu'aurait fait cette fripouille de Schacht ? Où est le nouveau Hjalmar Schacht – positif celui-là – qui repensera nos systèmes globaux ? »

C'est pourtant vital. La prospérité est l'oxygène de nos démocraties. Seul un honnête revenu délivre les forces rayonnantes de la joie, de la gentillesse civique et de l'expression politique apaisée. Or nous ne sommes plus à l'abri d'un Tchernobyl financier.

En France, la dette sociale, la dette de nos territoires et la dette d'État frisent, en cumulé, la folie. L'argent dit « magique » des banques centrales et les fluidités monétaires modernes ont fait perdre conscience qu'une dépense se finance durablement par une recette, et non un déficit qui s'accumule dans une dette géante forcément payée par les générations suivantes. Quand la mer de l'achat massif d'obligations par les banques centrales du globe va se retirer, la pression sur les comptes imposera une politique d'austérité sociale sans précédent, sans doute intenable politiquement et socialement – même si l'inflation aide le système.

Hjalmar Schacht

Nous devons trouver un Schacht humaniste avant que ça craque sévèrement, un mécanicien de la finance non issu des conformismes empotés en place. Les soi-disant raisonnables ne le sont plus. Il nous faut vaincre la conspiration des ronds-de-cuir du sujet. Réfléchissons tous en dehors des cadres qui sont les leurs : leurs remèdes sont des poisons morphiniques.

Lisez avec méfiance Le Banquier du diable, *de Jean-François Bouchard*[1]. *Puis découvrez la pensée riche des contradicteurs de Bouchard. Ce livre fait explorer une tout autre manière de réinventer l'économie.*

1. Max Milo.

Les GAFAM : fabriquons des cadres comme eux

On nomme GAFAM les diplodocus américains du Web (Google, Apple, Facebook, Amazon et Microsoft mais aussi Airbnb, Twitter, Uber, Booking.com, etc.) qui ne fabriquent pas des contenus mais des contenants, pas de simples produits mais des cadres dans lesquels les producteurs réels vont placer leurs produits. Ils créent des cadres numériques tentaculaires, commercialement incontournables, en obéissant à une pensée totalement différente et compliquée pour nos sociétés, car cela les autorise à prélever une partie croissante de la valeur produite par ceux qui « font réellement », qui courent des risques bien réels avec des capitaux réels (les hôteliers pressurés, les fabricants d'applications, les chauffeurs, les industriels bien ancrés dans un terroir, etc.).

Le monde économique moderne est donc bousculé par leur logique intelligente, sous les vivats des marchés. Aucun État n'a su protéger efficacement nos sociétés car, très bêtement, tous les États médiévaux sont restés dans le cadre pour tenter de contrôler des gens qui changent le cadre même.

Les GAFAM

Ces sociétés américaines restructurent le globe avec le soutien déclaré de leur propre État impérial, ce qui représente un véritable impôt américain levé sur le reste de l'humanité traité en bancs de sardines nationales – avec notre active et enthousiaste participation. Génial, non ?

Comprendre l'immoralité normalisée par le marché me semble le début de la sortie de l'inertie.

Ma vie vivifiée

Je n'ai toujours pas trouvé comment les auteurs et les éditeurs de livres vont pouvoir se sortir de ce piège qui fragilise nos cultures nationales. Mais je trouverai… en dehors du cadre créé par les GAFAM, ou en utilisant autrement leur puissance.

Elon Musk :
l'autre pensée

Elon Musk est le père naturel d'une race de voitures nouvelles, les Tesla. Qu'est-ce qu'une Tesla ? Un véhicule ? Non, un objet différent qui répond à une logique inédite.

Je le comprends un jour en écoutant un curieux Berbère[1] de mes amis, musulman de haute spiritualité, dont le grand-père s'est battu à Monte-Cassino pour délivrer la France du nazisme. Cet homme entre deux cultures me touche. C'est toujours par le cœur que l'on raisonne le mieux.

Hadj m'explique qu'une Tesla a tout d'une voiture électrique en apparence. En réalité, la compagnie éponyme est née de la volonté d'utiliser à fond l'IA, l'intelligence artificielle, notamment un outil mathématique

1. Penseur atypique, Hadj Khelil enseigne l'intelligence artificielle (IA) à Sciences Po Paris. Nom de son cours auquel j'assiste : « Intelligence artificielle et outils élémentaires de création de valeur ». Grâce à lui, je m'initie à l'extension du domaine de la création grâce à l'IA.

– les réseaux de neurones – qui permet de reconnaître des objets, d'identifier une situation ou un comportement. Dans quel but ? Permettre à la voiture électrique de nous conduire à destination en toute sécurité. Parce que nous avons mieux à faire qu'user notre attention sur la route, en courant le risque de commettre des fautes de conduite et de nous mettre en danger. L'IA permet de traiter un nombre très calculable d'informations, glanées sur les routes du globe, permettant aux Tesla de reconnaître toutes les situations mobiles qu'elles rencontrent, y compris les plus inattendues.

À la base, Musk pense « traitement de l'information » ; les autres – Renault, General Motors, Mercedes, Peugeot, Toyota, Honda, BMW, Volkswagen, etc. – pensent « fabrication de véhicules ». Leurs cerveaux fonctionnent différemment.

Tous les GAFAM obéissent également à cette autre logique fondamentale de rupture qui les rendent désormais apparemment irrattrapables et qui en font aujourd'hui les plus fortes capitalisations mondiales. Tous utilisent massivement la pensée ≠ issue de l'intelligence artificielle qui les a propulsés rapido dans le *top ten* des entreprises mondialisées. Plus les GAFAM automatisent l'acquisition et le traitement de données sur nos vies réelles, plus ils sont en mesure de prédire nos comportements, donc de créer à coup sûr de la valeur, encaissée par l'Amérique.

Trois outils mathématiques assez basiques (avec d'infinies variations) automatisent l'utilisation des données : les régressions linéaires (qui permettent de prévoir des corrélations simplifiant l'action réelle), les régressions logistiques (qui séparent et trient ce qui marche ou pas) et les fameux réseaux de neurones chers à Elon Musk (qui permettent de reconnaître). Les outils sont assez simples, mais l'efficacité de ces compagnies croît sans cesse, car plus elles moulinent de données, plus la fiabilité de leurs capacités prédictives augmente.

Croqueuses d'intelligence artificielle, elles ne raisonnent plus de manière classique en créant à l'ancienne des produits à commercialiser de manière poussive en faisant de la pub, etc., elles se positionnent à un tout autre niveau : « Quelle question dois-je me poser pour que la réponse me rende milliardaire ? Que dois-je prévoir pour rendre mon chiffre d'affaires exponentiel ? » Elles se posent les seules questions nécessaires pour que les réponses utilisent au maximum les possibilités de l'IA.

Elon Musk a sa réponse de rupture.

Celle d'Amazon est d'une simplicité phénoménale : « Moi, Amazon, je prévois ce que les êtres humains veulent, au moment où ils le veulent, et au bon prix. » Dès lors, le pourcentage d'actes d'achat réels répondant à une sollicitation commerciale explose (le chiffre actuel a quelque chose d'effrayant). Leur logistique de livraison Speedy Gonzales, c'est de la carrosserie. Le cœur du moteur amazonien, c'est cela, un raisonnement singulier.

Sommes-nous perdus à jamais face à ces mastodontes qui, chaque mois, accumulent et retraitent davantage de données assurant l'élévation de leur niveau de force prédictive ?

Pas le moins du monde.

La fatalité n'existe pas.

Par chance, les GAFAM ne se sont posé jusqu'à présent que des questions rudimentaires, incroyablement basiques. « Pour débilos », dirait ma fille aînée, même si cette ultra-simplicité est d'évidence une arme fatale. Mais n'oublions pas que le mastodonte n'est jamais loin de finir diplodocus. Les gens créatifs issus des sciences humaines qui s'empareront de leur mode de raisonnement et de questionnement encore primitif – « Que devons-nous prévoir pour créer de la valeur ? » – avec encore plus de talent narratif fonderont des compagnies, des associations ou des services publics autrement plus puissants[1]. C'est évident.

L'intelligence artificielle fabrique une extension du domaine de la création qui s'ouvre tout juste. C'est peut-être cela qui m'excite le plus. Cela finira par attirer les vrais inventifs.

Copions les GAFAM en problématisant intelligemment le réel !

Ma vie vivifiée

Stimulé par le cours de Hadj à Sciences Po, je m'interroge autrement pour que mes contemporains lisent davantage et augmentent ainsi leur vocabulaire. Je reste

1. C'est pour cela que des irréguliers comme Hadj Khelil ont choisi d'enseigner l'intelligence artificielle à Sciences Po Paris et non dans des écoles du type Polytechnique ou Stanford.

convaincu que la lecture est le grand médicament social qui répare les sociétés. Les peuples qui manipulent beaucoup de mots vont mieux que ceux dont le lexique est pauvre.

Que faut-il prévoir pour augmenter le nombre de lecteurs ?

Si vous avez la réponse, écrivez-moi !

VIII

L'amour autrement

Ma chérie
ou le big bang de mes croyances

Cinq minutes avant d'être mis en contact par Twitter avec ma Canadienne-destin (qui ne fréquente que très rarement les réseaux), j'ignore tout de la déflagration qui va recomposer mon être profond. Je ne devine pas une seconde que je suis sur le point d'être guéri de mon dégoût du réel. Je ne sais pas que je vais changer radicalement de point de vue sur l'amour et entrer dans une mue spirituelle radicale.

Dès nos premiers échanges écrits, sur WhatsApp, je sais que nos cœurs se sont élus. Mes proches me prennent pour un fou. Je n'ai pas besoin de toucher ma femme-vie ou de connaître les détails de son destin pour savoir que je suis né pour elle. Elle danse sur la corde de ses sentiments avec des ballerines plus légères que le vent. Existe entre nous une densité d'amour qui se situe au-delà de l'ordinaire d'une confirmation charnelle. Pour la première fois, je coïncide entièrement avec un être du même ADN positif que moi, une illimitée, une joie pure. D'emblée, je sais que cette Ontarienne est une inconsidérée, une décadrée légère, une déprudentisée, une véritable femme-source. Elle m'aime du seul amour qui compte, celui qui délivre.

Et qui fait aimer le réel plus que les romans.

Tétanisé par la pandémie, le Canada est alors bouclé façon Corée du Nord. La France n'est pas très éloignée de l'être aussi. Impossible de la rejoindre par avion. Les vols sont annulés, les frontières étanchéifiées. Je tente tout et au-delà (c'est une épopée que la somme de mes tentatives) mais la crise du Covid va nous séparer physiquement pendant dix mois – dix mois de correspondance intensive. Le premier mois, je ne sais même pas de quoi ma Canadienne a l'air. J'ignore qu'elle est asiatique, mais ce n'est pas le sujet. D'instinct, j'aime son être différent, sa féminité différente, son intelligence différente. Sa beauté spectaculaire me sera révélée comme un surplus.

Quelle grâce que cette séparation violente ! Alors que je suis né pressé, azimuté de projets, je suis obligé de prendre le temps d'apprendre à l'aimer sans la voir, ni la toucher, ni la posséder. Chaque jour, nous échangeons environ six cents messages et parlons au moins quatre heures au téléphone. Notre empêchement sans fin – désespérant par instants – nous permet de découvrir l'amour autrement.

Nous accédons d'emblée à notre partie haute.

La distance nous enseigne comment vivre avec le temps et non contre le temps. Acceptant les lymphatismes du destin, je convertis notre absence mutuelle en une présence d'extrême qualité, notre manque en joie, nos impatiences en espérance. Ficelés par les règles incontournables de l'Immigration canadienne, nous découvrons au fil des mois qu'aimer absolument, c'est changer – de rythme, de croyances, d'attentes, par amour total. Pour elle et par elle, je suis devenu un autre Alexandre, plus calme, plus maçonné.

Avant son irruption dans mon cœur, je n'avais jamais pensé l'amour autrement. J'ignorais par exemple que tenter de le réparer est absurde, c'est à lui de nous sauver. Personne ne m'avait encore fait comprendre que tout *se fait* avec celle pour qui on est né, il n'y a rien à « faire » : tout est donné sans effort. En couple, pas à ma vraie place divine, je sous-vivais au lieu de vivre. Chaque jour, elle m'élève l'âme.

Tout de suite, mon entourage me prend pour un solide fêlé. Alors que je ne n'ai pas encore rencontré ma Canadienne, je me fais faire pour elle une vasectomie définitive car nous ne voulons pas d'enfant. À l'hôpital Pompidou, à Paris, le médecin, sidéré, tente de m'en dissuader, de différer, de me faire prendre des précautions. Je lui réponds que rien n'est moins virtuel que notre amour distancié ; c'est même la chose la plus réelle que je connaisse sur cette terre, avec ma passion pour mes enfants. Il insiste pour que je fasse au préalable un dépôt de sperme dans une banque. Je m'en indigne.

Le manque est à un moment si colossal et si vivifiant que je pénètre dans une agence immobilière près de Narbonne et déclare au couple qui m'accueille :

– Je cherche une maison pour une femme que je n'ai jamais vue.

Et nous achetons notre maison dans le Sud français aussitôt. Se rencontrer avant ? Cette « précaution » nous semble une vulgarité, pas au niveau de notre grâce.

Côté cœur, j'ai longtemps été exceptionnellement stupide, ignare et, autant le dire, très déficient. À un point qui mérite des palmes. Aucun des mots vastes que j'employais avec exaltation ne revêtait sa pleine signification. Gavé d'idées fausses, outrées ou mal nées, je vivais dix marches plus bas, comme je pouvais.

J'ignorais que l'amour absolu n'a rien à voir avec les charmes fastueux et sucrés de la passion, qu'il n'y a pas entre les deux une différence de degré mais de nature. Je le sais désormais. Le « haut de nous » d'un couple est un tout autre pays, infiniment plus léger. Peu importe que la rencontre se fasse via Internet et que la relation semble, pour des yeux extérieurs, *virtuelle*. En vérité, tout amour demeure virtuel s'il n'est pas une intimité d'exception. Qu'il passe par un réseau social ou par une rencontre physique est secondaire.

Et puis, disons-le, l'amour absolu est l'état le plus propice pour faire plonger naturellement dans la pensée différente. Pris dans cette inhalation de vie, les faux-semblants paraissent gris. On se refabrique avec allégresse. L'amour-roi arrache les haies mentales, dessoude de la triste raison limitante et propulse à fond la caisse vers les cimes de la grande liberté. C'est même à ça qu'on le reconnaît.

Trop peu de gens le savent – car peu d'êtres font l'expérience de ce changement suprême de substance – mais l'amour total entraîne un agrandissement de son identité. Le petit « moi » s'évanouit dans un « nous » en expansion.

Dans une passion classiquement menée, non remaniante, on mime si souvent l'amour. On éprouve des copies de sentiments, pas l'original. Aimer en totale confiance, c'est vivre dans l'original de tout, c'est faire usage de mots portés au maximum de leur sens.

Vivre dans le « haut de nous » hisse donc à un tout autre niveau de conscience que je découvre pour la première fois dans ma cinquantaine chanceuse. Tout ou presque est reconfiguré.

Avant l'absolu, je restais à la lisière de moi.

Avant le sublime chronique, je me figurais que la perfection sentimentale était réservée aux romans, aux pièces ailées et aux films flamboyants.

Avant ma Canadienne, il me paraissait naturel de ne pas tout attendre d'un seul être, de demeurer fragmenté et de picorer ici et là des satisfactions amoureuses parcellaires.

Avant, je croyais les compromis indispensables dans le couple. Je me figurais que le déclin des sentiments était une pente inévitable. Je me disais (navré) que vivre constamment de pure légèreté et de fous rires ininterrompus était inaccessible. Je tenais vie spirituelle et vie conjugale pour deux voyages distincts. Je n'imaginais même pas que l'on puisse se dévorer quatre ou six fois par jour avec un appétit croissant.

De bonne foi, je voyais vraiment la solitude à deux comme une fatalité. Intoxiqué par mes défaites, j'étais même convaincu qu'il fallait impérativement « faire des efforts » pour son couple, que je devais obligatoirement me tartiner des passages à vide, avaler des crises amères, et autant de compromis. Stylo en main, je ruminais sans fin que le quotidien était forcément une dégradation de la passion, sans voir que c'en est le temple. Je ne savais pas que les contes de fées sont à vivre, qu'ils disent la vérité. Et que dans ce conte jubilatoire la possibilité de tout penser différemment est la règle.

Et soudain, par la grâce de cette rencontre, toutes ces croyances étrécies s'évaporent de mon cœur. Me voilà projeté dans un univers mental à part. Défossilisé, je ne crois plus qu'être soi est incompatible avec le couple fusionnel. Je découvre avec sidération qu'on ne devient réellement soi-même que par l'autre. J'arrête d'imaginer que la fidélité rectiligne est une limite ou une forme de privation. Ce n'est même plus un sujet quand on a l'honneur d'aimer pour la vie. La confiance intégrale n'est plus une chimère. L'amour n'est plus une partie restreinte de l'existence, mais bien le tout.

Je déchire l'idée bornée que je me faisais de moi. L'expérience du don total de soi dynamite toutes les conceptions freinantes. On n'a plus le cœur asthmatique ni la volonté arthritique. L'absolu amour a bien été créé pour nous repoumonner ! Et nous rendre différents, uniques, déjà œuvres d'art. L'impossible redevient mon octave, le sublime mon oxygène, l'illimité ma mesure.

Cessons d'être la vieillesse du monde en aimant petitement, en réchauffant nos vieilles convictions.

Pourquoi sous-vivre ?

Ma chérie

Ma vie vivifiée

Avec mon Ontarienne, nous ne brusquons plus nos décisions. Nous nous amusons à attendre que la vie assemble des solutions inespérées pour organiser notre vie transatlantique. Et elle y pourvoit avec une délicieuse inventivité en coordonnant nos urgences avec tact ! L'amour harmonise tout.

Monsieur Bromberg : le grand amour plus fort que la mort

Un jour que je circulais à Stockholm à la remorque d'une traduction de l'un de mes romans, j'ai rencontré le fondateur de la grande maison d'édition Bromberg. C'est lui, sans le savoir, qui m'a rappelé que le sublime est possible, dans un moment de ma vie où je me noyais dans des amours secondaires en finissant par croire, avec amertume, que mon idéalisme m'avait berné.

Grand animal élégant, suédois depuis la guerre, ce vieillard d'exception, polyglotte et alerte, m'a raconté sa jeunesse polonaise dans un bistrot. Juste avant la guerre, il s'éprend au dernier degré d'une femme juive polonaise, comme lui. D'emblée, ils accèdent au conte. Chaviré d'amour, il l'épouse avec une rare ferveur dans la montée des bruits de bottes allemandes. La Pologne se fait alors aplatir par les *Panzer divisionen*. Bromberg se retrouve verrouillé avec sa belle dans le ghetto de Varsovie. Lors du désordre de l'attaque par la Wehrmacht qui assassine copieusement, il perd la trace de son épouse. Il tente tout pour retrouver sa princesse au milieu du massacre. En vain. Désespéré, il parvient à s'échapper de l'abattoir, puis à gagner la Suède où les Juifs ne sont pas traqués. Totalement amoureux, le beau Bromberg attend la fin de la guerre avec l'espoir insensé que sa jeune femme n'a pas été abattue ou déportée lors de la prise du ghetto. Il espère avec déraison. Désemparé, à bout, il finit par se remarier pour que la vie ait lieu malgré tout. En 1947, il retourne à Varsovie afin de récupérer des papiers officiels polonais. Et à l'angle d'une rue, au centre même de Varsovie, il se cogne soudain contre sa femme qui, le croyant mort, vient elle aussi de se remarier.

Vertige de l'instant prodigieux chacun s'aperçoit que l'autre a survécu à l'attaque du ghetto. L'amour les a sauvés.

Éberlués, ils s'embrassent, divorcent aussitôt de leurs conjoints respectifs, se marient avec une joie démentielle et fondent ensemble à Stockholm les éditions Bromberg qui, peu à peu, deviennent une maison suédophone mythique.

Par eux, le public nordique a appris que l'amour est réellement inséparable, plus puissant que le destin chargé de croix gammées. Si l'on y croit, on garde la possibilité sur cette terre de vivre l'éternité d'un amour invincible.

L'amour illimité protège effectivement, comme dans les contes de fées. Changeons notre regard sur les contes. Incorporons leur puissance pour vivre un amour parfait. Ils sont faits pour nous inoculer leur magie.

Ma vie vivifiée

Le couple Bromberg m'a résolument prouvé que l'éternité d'un amour est la vraie mesure de l'amour, qu'aucune adversité ne saurait empêcher des battements de cœur essentiels. Leur histoire ne m'a jamais quitté.

Avec ma Canadienne, j'ai fait le choix de vivre absolument notre conte, de l'aimer au-delà du raisonnable. Nous savons que l'usure du désir, ça n'existe pas. Et que la poésie est notre premier carburant.

Choderlos de Laclos : l'autre manière de faire battre le cœur

La pensée ≠ a aussi ses athlètes du vice. Leur singularité est celle des abysses moraux.

1979. J'ai quatorze ans. Une *girlfriend* compliquée – ses parents possèdent un des grands cabarets coquins de Paris – m'offre le volume épais des *Liaisons dangereuses* de Choderlos de Laclos : une somme d'ignominies élégantes, de crasse chic façon XVIIIe siècle. Il y est question de laideur ravissante, d'écrabouillement de la candeur et de célébration de la domination abjecte. Roman de correspondance, cet ouvrage jette dans l'intimité de deux salopards assez veules qui tiennent le cynisme en haute estime : l'infâme Valmont, éblouissant de self-control, et l'épouvantable Mme de Merteuil. Deux étincelants rédacteurs de leurs perfidies manipulatoires.

Je reste perplexe.

Ma *girlfriend* me propose d'échanger des lettres sur le modèle de celles du livre. Que faire ?

L'histoire est éthiquement à gerber ; elle est irrésistible. Deux aristocrates brillants et spirituels, la marquise de Merteuil et le très séducteur vicomte de Valmont, signent un pacte d'inviolable amitié à l'issue de leur liaison. C'est au nom de cet accord « moral » que la marquise exige de Valmont qu'il séduise la fraîche Cécile de Volanges, qui doit prochainement épouser son ex-favori, M. de Gercourt, afin de flétrir son innocence. Pilonner la candeur les exalte. Mais Valmont a de son côté entrepris d'étourdir la vertueuse Mme de Tourvel pour salir la beauté.

Ces lettres m'étourdissent par leur éclat. On y sent les rumeurs d'un XVIIIe siècle badin, érotique, gracieux, vénitien. Mais il m'apparaît comme évident que les tricheries de l'âme ne sont jamais récompensées et qu'on meurt sans doute à chaque fois de ne pas faire la différence entre le sexe prédateur et l'amour-don.

Si Valmont et Merteuil ne me convertissent pas à leur génial cynisme, ils élargissent à toutes les pages l'idée que je me fais de la passion à quatorze ans. Voilà donc un territoire plus vaste que je ne l'imaginais, un champ d'expérimentations excitantes, taillé pour l'invention. Si cette créativité moche est possible, cela ne signifie-t-il pas que d'autres inventions érotiques, plus chatoyantes, le sont ? Sublimes, enjôleuses et ferventes ? Paradoxalement, ce chef-d'œuvre de la manipulation du cœur achève de me sentimentaliser. Je dois être imperméable au moche, génétiquement rétif à la domination et à la crasse affective. J'en conserverai un goût vif pour les affres du jeu s'il est positif et rêveur, à l'opposé des crapuleries obscures de Merteuil et de Valmont.

Je décline donc l'offre de ma *girlfriend* compliquée… et en rencontre une plus amusée par le sublime !

Choderlos de Laclos

Ma vie vivifiée

Tous les personnages de mes romans amoureux s'adonnent à la manipulation charmante qui enchante et surprend le cœur, au jeu sentimental plein de grâce. Tous sont des Merteuil et des Valmont inversés, inspirés par leur pensée différente, mais dans le sens opposé.

J'ai longtemps été persuadé que le jeu faisait partie de la panoplie indispensable pour vivre une passion longue durée. Aujourd'hui je pense que le jeu amoureux demeure un ingrédient poivrant, même si la hauteur d'un lien spirituel reste l'aphrodisiaque absolu.

Casanova : tout voir autrement

Les esprits courts réduisent Giacomo Casanova à un sauteur compulsif. La vérité est que le Vénitien aime tout autrement, jusqu'à en faire un art supérieur de la joie. Pourquoi ressent-on une telle énergie quand on lit ses mémoires[1] trépidants, rédigés en français car au XVIIIe siècle, c'est la langue de la liberté ? Parce que le si aimable Casanova n'est jamais prisonnier – en amour comme en tout – d'un regard convenu, d'une pensée au point mort ou d'un jugement plat. Chaque détail de la vie lui est une occasion d'essayer autre chose, de détourner une situation ou un objet.

Cela éclate tout particulièrement lorsqu'il fait le récit de son évasion de la prison des Plombs à Venise, humide et surchauffée. Il y macère pour avoir trop aimé la femme très mariée d'un caïd de la cité – on n'est pas un homme à bonne fortune sans péril. Giacomo pourrit donc sous les toits vénitiens en plomb, quand il aperçoit dans la poussière d'une cour de

1. *Histoire de ma vie* (Le Livre de Poche).

promenade un verrou. L'objet est métallique. Instinctivement il le ramasse et le regarde différemment. Giacomo va l'aiguiser pour creuser le plancher en bois de sa cellule jusqu'à... se faufiler en s'échappant par les toits !

Pour cet abonné à la folle liberté, un verrou ça ne ferme pas, ça ouvre. Casanova est le seul homme à s'être jamais échappé grâce à un objet qui enferme le genre humain.

Je repose ses mémoires en trépignant que de tels irréguliers aient eu le talent d'oser exister.

Deux cents ans après son évasion, Giacomo Casanova m'enseigne que notre cerveau peut regarder autrement n'importe quel objet et que l'amour peut en être sans cesse augmenté. Mes neurones ne sont pas condamnés à la monovision établie par les figés qui resteront enclos dans leur aquarium intérieur.

Désapprendre les catégories est un talent.

Ma vie vivifiée

Ce matin, j'ai sélectionné trois applications sur mon smartphone. Je me suis alors demandé comment les utiliser pour faire autre chose que ce pour quoi elles ont été conçues : augmenter la ferveur de mon amour. Avec extase, j'ai trouvé des utilisations ultra-romantiques qui ont à mes yeux une bien plus grande valeur que leur fonction naturelle. Je me suis aperçu que tout le contenu de mon smartphone pouvait être réorienté afin d'enchanter ma vie de couple, déjà céleste, déplafonnée, inspirée.

Serai-je le seul à détourner son usage ?

La Princesse de Clèves, ma prof de sublime

Une fabuleuse incomprise brille au firmament de mon panthéon sentimental : Mme de La Fayette, l'auteure virtuose de *La Princesse de Clèves*. Nombre de nos contemporains, épris de consommation charnelle, jugent l'héroïne débile dans son refus de consommer sa passion pour le prince de Nemours, alors même que son mari est décédé, tant elle tient à ses qualités hautes. Elle ne saurait déroger à la beauté de son âme et de son cœur. Il est vrai qu'il n'est pas simple de « vendre » *La Princesse de Clèves*, pétrie de vertus altières, en un siècle où la fièvre érotique version Tinder malaxe les libidos.

C'est sur l'étagère de mon amie Mado, tenancière exceptionnelle de bordel, que je l'ai pourtant trouvée. Sa pureté dormait entre les œuvres complètes, remarquablement reliées, du marquis de Sade et une adaptation non moins remarquable en BD d'*Histoire d'O.*, un classique de la pornographie ivre de domination. Aucun roman de feu n'aura plus façonné mon imaginaire et mieux guidé ma vie sentimentale. C'est lui qui m'a préparé à rencontrer ma Canadienne, à admettre que je suis né pour la perfection du cœur.

À vingt ans, je découvre ma princesse de papier et d'emblée reste sidéré par la puissance de cette femme qui entend n'entrer dans l'amour que par la porte haute, en ne cédant jamais à la passion animale qui, par ses élans hâtifs, la mènerait à se déshonorer ; par cette femme prodigieusement honnête qui ne craint pas de s'ouvrir à son mari – à qui elle continue de se donner pour se sentir réglo – de son amour incompressible pour M. de Nemours ; par cette femme qui supplie son époux de l'éloigner de la cour où elle pourrait croiser l'objet de son désir ; par cette femme fidèle qui brûle malgré elle, malgré sa volonté de garder son estime d'elle-même en ne succombant pas à son feu ; par cette femme qui incarne l'absolue pureté, l'absolu désir immodéré, l'absolue honnêteté, l'absolu érotisme de la retenue, l'absolue fidélité à la parole donnée, l'absolue violence de l'amour total, l'absolu tourment heureux, l'absolu en tout.

À vingt ans, exalté par mes conversations avec Mado qui vénère Mme de Clèves et transmet ce culte fou à ses pensionnaires, je flaire illico que l'amour lui est une religion, de danse avec la perfection, une manière fulgurante d'entrer en contact avec le sublime de la vie. Ce n'est pas une bigote, juste un incendie de chair, pas une vertueuse, mais une hédoniste de l'abstinence, pas une victime, mais une pilote grandiose de son cœur affolé.

Aussitôt, je partage cette lecture incandescente autour de moi et découvre avec consternation que mes amis les plus intimes la trouvent givrée, désespérante par son côté incorruptible, presque inhumaine, alors que je la regarde comme la quintessence de notre humanité aux prises avec les tisons de l'amour. Elle est mon inspiratrice en tout, eux la moquent, se gaussent de ma religion. Elle est ma professeure de perfection, eux la considèrent comme une névrotique, pas loin d'une tarée.

Envers et contre tout, je la remercie d'être si différente dans notre siècle fâché avec les frissons extrêmes et si enclin à patauger dans la libido de grande consommation.

Merci à elle de m'avoir préparé le cœur pour vivre aujourd'hui une vie à son juste niveau sublime.

Ma vie vivifiée

Souvent, quand je pénètre dans une église, j'allume un cierge pour Mme de Clèves et un cierge pour Mme de La Fayette, sa mère. Et je les remercie du fond du cœur de m'avoir arraché à l'ordinaire des jours et d'avoir fait de moi un écrivain de l'amour, chevaucheur de folies, flétrisseur de petitesse sentimentale.

Conclusion…

N'ayez pas peur !

Aujourd'hui, je suis guéri de toute peur.

Je ne crois plus aux limites officielles, aux plafonds validés par les effrayés, aux bornes posées par les éteints.

Changeons d'ère.

Pendant des siècles et des siècles imbéciles, l'être humain, sûr de lui, a été platiste. On a perpétué la croyance que les animaux ou les plantes étaient des choses au statut quasi minéral et qu'il n'existerait pas de continuité entre ces êtres et nous. On a affirmé que les femmes étaient des mammifères inférieurs aux hommes. Cette crétinerie paraissait une vérité révélée. Dans la chrétienté, on s'est persuadé tous les dimanches que le mensonge menait à coup sûr aux flammes de l'enfer, et cela a beaucoup occupé les esprits. On a prêché que la peste faucheuse était due à nos péchés ou à la présence d'individus suspects (sorcières combustibles, Juifs à portée de tisons, fous à torturer, etc.).

Et j'en passe…

Chez les humains, assez débiles en meute, il semble bien que le consentement universel ne se donne qu'à de hauts délires unifiants. Bertolt Brecht a raison : « La folie se fait invisible lorsqu'elle devient énorme. » Avec la crise du Covid, cette nuit de l'esprit critique, nous venons de vivre un épisode mondialisé de dinguerie unificatrice. Le sanitarisme bureaucratique, désiré par les caciques de la médecine, avec ses rituels quasi religieux (montrer des passes dits « sanitaires », qui n'empêchaient pas de véhiculer le virus, fermer illusoirement des frontières, etc.), a été triomphant. Quiconque formule publiquement des doutes sur le bien-fondé de politiques improvisées sur un coin de table par des États mimétiques est excommunié du fameux « cercle de la raison », saqué de son journal, censuré par les saints réseaux sociaux chargés de la purification des âmes, puis désigné comme supplétif de Belzébuth, et enfin châtié sur des bûchers télévisuels dressés quotidiennement. La démonologie internationale ne lésine pas.

À chaque époque, notre besoin vital d'appartenance à un groupe, à une nation, à un royaume, à une famille, à une tribu avec ses croyances, à une profession, à une religion ou à un clan idéologique nous conduit à valider n'importe quoi. Diverger en fanfare met en grand péril de subir des fatwas médiatiques ou professionnelles, des déclassements brutaux. Ce risque est engrammé au plus profond de notre cerveau depuis des millénaires. L'énorme besoin d'être admis par ses congénères rend l'Homme très agressif contre les indociles qui, avec courage, s'écartent des certitudes moutonnières, celles qui cimentent la reliante folie. Allez suggérer dans une assemblée catholique que la mère du Christ, finalement, n'était peut-être pas vierge, et vous verrez. Ou à Riyad que le Coran n'est pas si sérieux que ça.

Toucher à la norme profonde, quasi névrotique du groupe, c'est déclencher le feu nucléaire. C'est devenir tout ce qu'abhorrent les perroquets de la pensée morte, les lyncheurs d'idées neuves, les grands éteigneurs de débats et autres confiscateurs d'alternatives. C'est attenter, surtout, à la très imbécile soif de certitude qui tenaille l'Homme, tant cette bête inquiète reste fondamentalement avide de cadres immuables, apaisants.

L'expérience de Milgram menée dans les années 1960 a montré notre impressionnante soif de soumission. Il s'agissait de mesurer le degré d'obéissance à des ordres cintrés donnés par des autorités brevetées. Les résultats sont affolants : quatre personnes sur cinq font le choix d'obéir à des ordres abusifs quasi criminels, hors de toute conscience, en abdiquant l'éthique élémentaire. 80 % ! Ceux qui conservent une vague autonomie de pensée ne sont qu'un petit 20 % ! Face à des situations complexes appelant des raisonnements nuancés, le matraquage de réponses simples à l'impératif répond à une attente sombre d'*Homo sapiens*.

Pourtant, il n'est pas d'autre chemin que l'obéissance à soi-même pour être heureux. On en retire à coup sûr un ensoleillement de l'âme. Pas d'autre issue que de s'actualiser dans un monde cyclonique, ouvert à tous les vents de la violence. Pas d'autre voie requinquante que de se recommencer quand les vieux fragments de soi ne fonctionnent plus. Pas d'autre chance de survie en période timbrée que de débrancher nos réflexes mentaux désuets.

Vous avez toujours le choix.

Le choix d'être ou de ne pas être vous-même. La possibilité de moquer les angoisses qui encabanent les frileux avides de règlements, de normes et de lois frigides. La liberté d'enfiler ou pas les uniformes bien repassés de la doxa des chapelles politiques. De respecter ou pas votre intégrité. D'être ce que ma femme inspirée nomme *an inner winner for changing times, with victories no one can ever take from you* : « un(e) gagnant(e) intérieur(e) pour des temps qui changent, avec des victoires que personne ne pourra jamais vous arracher ».

Se donner le courage d'être soi, c'est avoir l'honneur de penser par soi-même. Dénichez vos propres maîtres à dérailler. Désapprenez le savoir qui enferme. Poursuivez en votre cœur ce petit livre illimitant qui s'achève mais qui ne peut avoir de fin. Dans l'hiver du monde, préparez le fruit.

Voir le monde autrement reste le plus haut des positionnements pour un *Sapiens*.

Table

VI. Mes rebelles favoris

VII. Les sorciers de l'économie

DU MÊME AUTEUR

Romans

LA PLUS-QUE-VRAIE, Albin Michel, 2021.

FRANÇAISE, Albin Michel, 2020.

LE ROMAN VRAI D'ALEXANDRE, L'Observatoire, 2019.

DOUBLE-CŒUR, Grasset, 2018.

MA MÈRE AVAIT RAISON, Grasset, 2017, Le Livre de Poche, 2019.

LES NOUVEAUX AMANTS, Grasset, 2016, Le Livre de Poche, 2018.

JUSTE UNE FOIS, Grasset, 2014, Le Livre de Poche, 2016.

JOYEUX NOËL, Grasset, 2012, Le Livre de Poche, 2013.

QUINZE ANS APRÈS, Grasset, 2009, Le Livre de Poche, 2010.

CHAQUE FEMME EST UN ROMAN, Grasset, 2008, Le Livre de Poche, 2010.

LE ROMAN DES JARDIN, Grasset, 2005, Le Livre de Poche, 2007.

LES COLORIÉS, Gallimard, 2004, Folio, 2005.

MADEMOISELLE LIBERTÉ, Gallimard, 2002, Folio, 2003.

AUTOBIOGRAPHIE D'UN AMOUR, Gallimard, 1999, Folio, 2001.

LE ZUBIAL, Gallimard, 1997, Folio, 1999.

L'ÎLE DES GAUCHERS, Gallimard, 1995, Folio, 1997.

LE PETIT SAUVAGE, Gallimard, 1992, Folio, 1994.

FANFAN, Flammarion, 1993, Folio, 1992.

LE ZÈBRE (prix Femina), Gallimard, 1988, Folio, 1990.

BILLE EN TÊTE (prix du Premier Roman), Gallimard, 1986, Folio, 1988.

Essais

RÉVOLTONS-NOUS, Robert Laffont, 2017.
LAISSEZ-NOUS FAIRE, Robert Laffont, 2015.
MES TROIS ZÈBRES, Grasset, 2013, Le Livre de Poche, 2015.
DES GENS TRÈS BIEN, Grasset, 2011, Le Livre de Poche, 2012.
1 + 1 + 1..., Grasset, 2002, Folio, 2005.

Composition Nord Compo
Impression CPI Firmin-Didot, en septembre 2022
Éditions Albin Michel
22, rue Huyghens, 75014 Paris
www.albin-michel.fr

ISBN 978-2-226-44178-2
N° d'édition : 23463/02. – N° d'impression : 171906
Dépôt légal : septembre 2022
Imprimé en France